非机动化交通参与者交通行为安全性
——建模、评价及决策系统

任　刚　王卫杰　张　永　周竹萍　著

科学出版社

北　京

内 容 简 介

本书以非机动化交通参与者(包括行人、自行车和电动自行车骑行者)为研究对象,在大量的数据调查基础上,分析非机动化交通参与者交通行为的基本特性和不安全交通行为的产生机理,构建非机动化交通参与者不安全交通行为模型,提出交通行为安全性评价指标体系、评价方法及决策支持系统设计方法,为制定和实施交通行为安全性提升对策提供理论支持。

本书可作为交通工程、交通安全等专业方向的研究生教材和高年级本科生选修教材,也可供从事交通安全管理工作及其相关研究的人员参考。

图书在版编目(CIP)数据

非机动化交通参与者交通行为安全性:建模、评价及决策系统/任刚等著. —北京:科学出版社,2012

 ISBN 978-7-03-034841-8

Ⅰ.①非… Ⅱ.①任… Ⅲ.①交通运输安全-研究 Ⅳ.①U491

中国版本图书馆 CIP 数据核字(2012)第 127654 号

责任编辑:沈 建 / 责任校对:陈玉凤
责任印制:张 倩 / 封面设计:耕 者

科 学 出 版 社出版
北京东黄城根北街 16 号
邮政编码:100717
http://www.sciencep.com

骏 杰 印 刷 厂印刷
科学出版社发行 各地新华书店经销
*
2012 年 6 月第 一 版 开本:B5(720×1000)
2012 年 6 月第一次印刷 印张:12 1/2
字数:240 000
定价:60.00 元
(如有印装质量问题,我社负责调换)

前　　言

在我国,非机动化交通参与者主要包括行人和非机动车驾驶人,后者又可分为自行车驾驶人和电动自行车驾驶人。非机动化交通适合我国当前经济社会发展水平和城市广大居民的生活工作习惯,依然是基本的交通方式,并且作为机动化出行方式的衔接以及在低碳化趋势下被提倡的方式还将长期存在。我国道路交通情况复杂,人车混行和机非混行严重,加剧了非机动交通和机动交通的冲突,导致非机动化交通参与者更容易发生事故。与机动车驾驶人相比,非机动化交通参与者缺少防护,在发生冲突和事故时更容易受到物理伤害,因而被称作交通系统中的弱势群体。数据表明,我国每年数十万起道路交通事故中,行人和非机动车驾驶人是受伤害对象的主体。

造成非机动化交通安全问题的原因很多。一方面,非机动化交通参与者守法意识和安全意识相对淡薄,其交通行为的安全性水平较低;另一方面,非机动化交通安全设施和措施设置不当,无法适应行人和非机动车驾驶人的行为与心理特点,使得非机动化交通参与者的违法行为更加突出。从行为科学的角度看,人是交通的主体,人的行为决定了交通状态和特性。要规范人的交通行为,首先要认识人的交通行为规律和特点,并根据这些特点,通过科学管理,对交通参与者的行为加以约束和引导,使之形成相应的行为规范,促进提升其行为安全性。

针对人的行为复杂性及其在交通安全中的主导作用,本书采用"行为特征分析-行为机理建模-行为安全性评价与提升"相贯通的新思路,研究非机动化交通参与者交通行为的基本特性和不安全交通行为的产生机理,通过对非机动化交通参与者交通行为的安全性进行评价,了解不同人群交通安全的整体水平,为决策者采取相应的对策措施提供支持。

本书系根据东南大学交通运输规划与管理国家重点学科所参与的国家道路交通安全科技行动计划课题"全民交通行为安全性提升综合技术及示范"(编号:2009BAG13A05)的研究成果总结而成。全书由任刚设计结构并统稿,由任刚、王卫杰、张永、周竹萍分工撰写完成。本书在研究、撰写和出版过程中得到了许多单位和个人的支持。感谢国家道路交通安全科技行动计划课题资助以及课题承担单位公安部交通管理科学研究所王长君所长、刘东波主任的大力支持。感谢研究生张水潮、赵星、华璟怡、张磊、杜轩、胡日明、刘意、贺康康、顾程、许丽、陆丽丽等,他们在数据调查、资料整理、编辑排版等方面做了很多工作。感谢科学出版社的沈建等编辑,正是在他们的热情帮助下,本书才得以顺利出版。

限于作者的理论水平及实践经验,书中不妥之处在所难免,恳请读者批评指正。

目 录

第1章 绪 论

1.1 研究背景及意义

在我国,非机动化交通参与者主要包括步行者、自行车骑行者及电动自行车骑行者。当前,非机动化交通依然是国内城市居民出行的主要交通方式。据统计,在国内大中城市的居民出行方式结构中,步行出行的平均比例约为 20%,自行车及电动自行车出行的平均比例约为 32%。截至 2009 年年底,全国自行车保有量在 6 亿辆左右,电动自行车的保有量在 1.2 亿辆左右。因此,无论是从出行总量、出行比例还是交通工具保有量上看,我国都是一个非机动化交通的出行大国。

交通安全是交通问题的一个重要方面。近年来,由于车辆拥有数和出行总量的大幅增长,道路交通事故数量居高不下。2007 年,我国共发生道路交通事故 327209 起,造成 81649 人死亡、380442 人受伤,直接财产损失 12 亿元。交通事故是道路交通系统中因人、车、路、环境诸要素的配合失调而偶然突发的事件[1]。人是四大要素中唯一的自主型变量,可见人是交通事故的核心。国内外的交通事故统计表明,有 80%~90% 的交通事故是由人的因素造成的,包括机动车驾驶人的操作失误、麻痹大意或违法行车等,还包括行人和非机动车驾驶人不遵守交通法规等。由于人的原因造成的死亡人数占交通事故死亡人数总数的 88.98%。因此,对交通事故的研究应注重对人的因素的研究。

作为交通系统中的弱势群体,非机动化交通参与者的交通安全问题更是不容忽视。根据世界卫生组织的报告 *Global Status Report on Road Safety：Time for Action*,全球每年有超过 120 万的人死于道路交通事故,有 2000~5000 万交通参与者在交通事故中受伤。在所有的交通事故死亡人数中,近半数(46%)为行人、非机动车(含自行车和电动车)和摩托车使用者,这些人被统称为"交通弱势群体"(vulnerable road users)[2]。

具体而言,行人是交通参与者的多数,行人交通秩序管理得好坏,对道路交通安全影响很大。同时,作为道路交通参与者的行人是道路交通事故中的最弱者,只有解决好行人问题才能构建更加安全和谐的交通系统。自行车与电动自行车防护性、稳定性差,在与机动车发生事故后,非机动车驾驶人易受到严重伤害。欧盟国家 2001~2002 年的统计数据显示,乘自行车每公里旅程死亡危险是乘小轿车者的 8 倍。另一方面,汽车厂商及研究人员致力于对机动车驾驶人及乘员的保护,并建立了对机动车驾驶人及乘员交通伤害的主动预防与被动预防体系。与此同时,对道路交通事故中的行人和非机动车驾驶人的保护技术却极为缺乏。所以,在我国每年数十万起道路交通事故中,行人和非机动车驾驶人往往成为最严重的交通伤害对象,如 2007 年,在道路交通事故中死亡的步行者、自行车骑行者、电动自行车骑行者人数分别占总死亡人数的 25.85%、9.25% 和 3.02%。

除了在交通事故中受伤严重外,非机动化交通参与者在交通出行中也面临各种问题。如行人和非机动车设施不完善,人行道、非机动车道常被机动车占用;机动车驾驶人没有礼让行人和非机动车的习惯;非机动化交通参与者本身也存在安全意识淡薄、违法现象突出等问题。因此,对交通问题的人的因素研究过程中,更加需要关注行人、自行车、电动自行车等非机动化交通参与者的行为特点及其安全状况。

本书系根据东南大学参与国家道路交通安全科技行动计划课题五“全民交通行为安全性提升综合技术及示范”的研究成果编写而成,旨在分析非机动化交通参与者交通行为的基本特性及不安全交通行为的产生机理,开发交通参与者行为安全性评价决策支持系统,为制定和实施交通参与者行为安全性提升对策提供技术支撑。

1.2　国内外研究现状

1.2.1　非机动化交通参与者交通行为特征

国外对非机动化交通参与者交通行为特征的研究主要集中在行人和自行车上,其中对行人的研究较为深入,且研究的角度也较为广泛;对自行车骑行者的研究主要集中在过街行为及交通安全防护设施的使用上;由于国外电动自行车的保有与使用量较小,故而对电动自行车骑行者行为的研究也较少。Tova 研究了行人个体和群体在闯红灯时的不同表现[3]。Julie、Susanne 研究了不同性别、不同年龄的人群在使用手机的过程中通过信号控制交叉口和无信号控制交叉口时的行为表现[4]。Ghee 等分析了行人在交叉口的各种行为及其对应的风险,Bernhoft 和 Carstensen 研究了不同性别、不同年龄的行人和自行车骑行者在行为和偏好上的差别[5]。Gregory 分析了美国自行车及自行车头盔的使用情况[6]。Osberg 等分析了巴黎和波士顿两个城市的自行车骑行者在使用头盔和夜间灯等交通安全设施上的区别[7]。

相对而言,国内对非机动化交通参与者交通行为特征的研究较多,涉及面也较广。赵建丽研究了混合交通流条件下行人路上行走、过街及通过交叉口的行为特征,并分析了交通事故中行人行为的主要表现[8]。王俊骅分析了国内不同性别、年龄、职业及社会地位的行人在无信号控制交叉口处的交通行为特征[9]。高易尧利用 Cox 风险比例模型和泊松回归模型对行人的等待时间和试图穿过的次数进行了定量分析[10]。戴云琪从出行目的的角度对非机动车的交通行为进行了分析[11]。曾四清利用 Logistics 回归分析方法对自行车骑行者交通行为的危险度进行了归类分析,并给出了不同交通行为的危险度系数[12]。

1.2.2 非机动化交通参与者交通行为机理

Carol、Roslyn 利用计划行为理论研究了性别、年龄、社会地位对行人横穿危险路段行为的影响[13]。Barbara、Benjamin 提出 5～9 岁的儿童是行人中交通安全风险最大且最易受伤害的人群,并分析了父母的监管、示范和意愿对儿童交通行为安全性的影响[14]。Tova 等研究了交通安全研讨会对未成年人交通行为安全性的影响[15]。Choa 等分析了建筑环境对行人和自行车交通行为的影响[16]。Giancarlo 等分析了骑自行车上下班的人群的个人资料、交通行为及交通安全方面的信息[17]。Timo 从计划行为理论的角度分析了社会心理因素在促进青少年增加交通行为安全性方面的影响[18]。

苑红伟利用认知心理学的理论,从"感觉(信息输入)—判断(信息加工处理)—行为(反应)"的角度对行人产生不安全行为的心理因素进行了分析[19]。马国忠等对电动自行车的安全特性进行详细分析,指出电动自行车的设计时速与单车质量是影响其安全特性的主要因素[20]。罗江凡通过对电动自行车车速、车架、骑行行为的分析,对电动自行车的安全特性做了深入的研究,且通过交通事故数据定性分析了电动自行车骑行者的心理特性、交通行为特性和不安全行为,并为管理策略的提出提供依据[21]。石晨鹏在电动自行车的骑行稳定性、碰撞特性、人机工程学特性等方面分析了电动自行车的安全特性,阐述了电动自行车交通事故的现状和原因[22]。潘晓东等基于交通信息负荷量和交通信息变化的非机动车骑行过程,设计了非机动车骑行行为实验,分析了骑行行为中速度和加速度的特点,得出电动自行车安全性差的结论[23]。

Tetsuo 等分析了日本的行人、自行车与机动车碰撞数据,比较行人、自行车骑行者死亡数据发现自行车骑行者更应受到关注。同时也对自行车-机动车碰撞事故进行分析,发现致死事故中正面碰撞的较少。然后借助 MADYMO 软件使用仿真模型进行事故模拟重现分析,研究不同干预措施对提升自行车骑行者安全性的效果[24]。

1.2.3 交通行为安全性评价方法

目前鲜见关于非机动化交通参与者交通行为安全性评价方面的文献,但在相关的评价方法上已有不少的研究成果。本书主要考虑评价方法中的模糊测度方法及 BP 神经网络方法。

赵建有等提出了中国城市交通系统可持续发展的量化评价指标,在解析城市交通发展目标的基础上,提出了包括发展水平、发展能力和协调能力 3 个方面的指标体系,并将其分等级标定,在此基础上采用模糊评判方法计算出交通可持续发展的综合指数[25]。张小丽等根据城市交通系统的特点和可持续发展理论,选取公平性、发展能力、可达性、机动性、安全性和环境影响 6 个评价准则面,提出了从设施、服务和交通方式的控制变量指标到中间指标再到评价指标的选取方法。城市交通可持续性评价方法采用了建立在模糊测度基础上的模糊积分技术,并将其应用于淮北市交通可持续发展状况的评价[26]。刘明华等提出了应用模糊积分进行大气环境质量综合评价的具体方法和步骤,并认为同时评价的样本数不影响评价的结果[27]。

1.3　主要研究内容

1. 不安全交通行为的机理研究与分析

研究非机动化交通参与者不安全交通行为的主要表现形式,研究各类交通行为与交通参与者交通安全意识、生理心理因素、自我控制能力等内在因素及交通环境因素、天气环境因素、他人影响因素等外在因素之间的相关关系,同时对不安全交通行为发生的差异性进行分析。

2. 国内外非机动化交通参与者安全现状

以历年的道路交通事故数据为主要研究对象,客观地统计分析行人、自行车、电动自行车群体的事故分布特征,探究事故致因问题,为后续研究指出基本方向。

3. 行人交通行为特征分析及建模

通过视频调查、问卷调查、生理实验等手段,获取南京、武汉、石嘴山等市的行人交通行为数据。通过对集计的行人过街现象的分析,总结行人过街的交通特征、行为特征和心理特征。研究行人到达规律、行人速度与流量等的分布特性,个体行为与群体行为、守法行为和违法行为等的类别特性,过街等待心理极限、临界穿越间隙、过街环境安全感知等的统计特性。另外,运用计划行为理论等心理学方法对行人交通行为的心理特性和内在机制进行了深入研究。

4. 自行车交通行为特征及建模

通过问卷调查研究自行车骑行者对于不安全行为的心理特性,主要包括:自行车骑行者对于不同行为的参与情况,为模拟实验提供实验依据;不同社会群体对于交通意识的认知程度,为开展教育提供依据;不同社会群体对于参与不安全行为在心理上的差异性,从而确定重点人群。在心理研究的基础上设计实验,应用眼动仪测试不同测试者在实验过程中的注视点变化过程、注视点停留时间、反应时间、注视物体等生理数据,同时利用实验设备记录测试者心率、刹车次数/地点、停车次数/地点、行程时间、路况等。据此分析不同社会群体在参与不安全行为时的差异性,同时根据数据评价各种不安全行为的危险程度。

5. 电动自行车交通行为特征及建模

基于社会心理学知识,结合我国人群的心理情况,设计调查问卷,测量电动自行车不安全行为与心理因素以及其他因素的关系。认为电动自行车骑行者对不安全行为的态度、主观规范、知觉行为控制影响其发生不安全行为的意向,并最终导致使用者在骑行过程中发生不安全行为。通过建模和分析,得到影响不安全行为发生的心理作用机理,为电动自行车不安全行为矫正措施的提出提供依据。另外,对电动自行车骑行者的视觉搜索模式进行了实验研究,获得不同组别的骑行者的眼动参数,并详细分析三种典型道路环境(机非隔离、机非混行、人非混行)下实验路段的眼动时间、注视视角、注视持续时间等眼动参数。

6. 非机动化交通参与者交通行为安全性评价方法研究

在研究"交通参与者-交通安全评价指标-交通行为需求"之间联系的基础上,建立基于 Delphi 法和模糊测度理论的交通行为安全性评价方法,研究采集 BP 神经网络的训练样本,最终形成基于 BP 神经网络的具有自主分类能力的交通行为安全性评价体系。

7. 交通行为安全性评价决策支持系统设计

在综合分析交通行为安全性评估过程和特征后,以数据库和知识库作为信息基础,以模型库作为管理决策的重要支撑手段,以 IDEF0 和 UML 为建模工具,以 Visual C++作为主要的开发平台,以 SQL Server 2000 作为后台数据库,以 MATLAB7.0 作为数学决策工具,通过多组件之间的接口技术开发了"交通行为安全性评价决策支持系统",用于对交通行为安全性评价提供辅助支持。

1.4　主要研究方法

按照宏观与微观相结合、理论与实践相结合、定量和定性相结合、集成理论技术创新和示范应用相结合、全民与重点群体研究相结合等原则,综合运用心理学、交通行为学、系统工程学、交通工程学、模糊理论、神经网络理论、系统设计理论、多指标决策理论、调查与统计理论及信息技术等现有成熟的技术和理论,对非机动化交通参与者交通行为安全性进行深入研究。具体采用的方法主要有:

1) 统计建模

变量之间相关随变动的数量关系,分为函数关系与统计关系两类,前者表示变量之间数量上的确定性关系,即一个或一组变量在数量上的变化通过函数式所规定的数学等式可完全确定另一个变量在数量上的变化;后者表示变量之间的相随变动的某种数量的统计规律性,一个变量只是大体上按照某种趋势随另一个或一组变量而变化,是在进行了大量的观测或试验以后建立起来的一种经验关系。回归建模(regression analysis)方法研究的就是变量之间的这类统计关系。

典型的回归模型有[28]:

(1) 一般多元线性回归模型:$Y = \beta_0 + \beta_1 X_1 + \beta_2 X_2 + \beta_3 X_3 + \cdots + e$,它是所有回归模型中最为简单的一种,常用最小二乘法来处理。

(2) 一元非线性回归分析模型:在一元非线性回归分析时,曲线模型的种类很多,最常见的模型有逆线性模型(其数学公式为 $Y = a + b/X$)、指数模型 $Y = ae^{bx} + k$ 等。

(3) 多元多项式回归模型:二元及二元以上的回归模型都可以称为多元回归模型,其中二元回归模型一般形式如下:$Y = \beta_0 + \beta_1 X_1 + \beta_{11} X_1^2 + \beta_2 X_2 + \beta_{22} X_2^2 + \beta_{23} X_2 X_3 + \cdots + e$。多元多项式回归模型一般形式与二元回归模型类似,但形式更加繁琐。

2) 计划行为理论

态度是社会心理学的核心概念,因为社会心理学最早的定义是研究态度的科学。计划行为理论(theory of planned behavior,TPB)的理论源头可以追溯到 Fishbein 的多属性态度理论(theory of multiattribute attitude)[29]。该理论认为行为态度决定行为意向,预期的行为结果及结果评估又决定行为态度。后来,Fishbein 和 Ajzen 发展了多属性态度理论,提出理性行为理论(theory of reasoned action,TRA)[30]。在 TRA 的基础上,Ajzen 增加了一个直觉行为控制变量,初步提出计划行为理论[31]。计划行为理论的主体理论认为意向由个人行为态度、主体规范和感知到的行为控制力所决定,且行为控制力能直接影响到行为。计划行为认为一个人的态度越积极、主体规范和行为控制力越强,则执行某种行为的意向越强,也越可能最终执行某种行为[32]。

自 20 世纪 90 年代以来,TPB 在国外得到了广泛的应用,经多项研究证实是能较好的预测行为的社会心理学经典理论。而刘泽文等认为,中国人的态度对意向的解释力低于主体规范对意向的解释力,当然这是有着深远的历史因素,也并不会影响 TRB 理论在中国的应用[33]。

3) 结构方程模型

结构方程模型(structure equation modeling,SEM)出现于 20 世纪六七十年代,是近 20 年应用统计学领域中发展最为迅速的一个分支,被称为近年来统计学的三大发展之一[34]。它能利用一定的统计分析技术,对复杂现象的理论模式进行处理,根据理论模式与实际数据关系的一致性程度,对理论模式做出评价,以达到对实际问题进行定量研究的目的[35]。SEM 分为测量模型和结构模型两个部分。因子分析(factor analysis)将隐性变量与观测变量相结合构成了 SEM 的测量模型部分,而借助路径分析(path analysis)或联立方程的模式研究隐性变量之间的因果关系以及隐性变量的影响因素构成了 SEM 的结构模型部分。

第 2 章　我国非机动化交通参与者安全现状

2.1　道路交通安全总体现状

据世界卫生组织统计,世界每年有 127 万人死于交通事故,其中非机动化交通参者死亡人数占交通事故死亡总人数的 46%,已经接近一半。以我国 2009 年交通事故死亡人数为例,非机动化交通参与者死亡人数占总事故死亡人数的 62.2%,相对于机动化交通参与者,非机动化交通参与者在交通事故中的伤亡情况相当严重。究其原因,我国目前正处在经济快速持续发展阶段,随着汽车保有量的增加,机非冲突日渐严重。此外,一些道路交通安全法规宣传力度不够,非机动化交通参与者自身的安全意识低,道路交通的规划管理存在不足等因素都促成了非机动化交通参与者死亡人数比例较高的结果。

通过对《中华人民共和国道路交通事故统计年报(2005~2007 年)》(下文简称《事故年报》)的分析以及相关文献调研,总结道路交通事故分布特点。

1) 交通事故人员分布特征

2005~2007 年交通事故中人的因素达到了 95% 以上,道路因素呈逐年下降的趋势。机动车驾驶人员造成事故的比例逐年上升,这与机动车保有量、私家车拥有率等直接相关。

与非机动车相关的事故数量也呈现出和机动车一样的上升趋势,近年来电动车数量的激增是造成事故率上升的主要原因。

行人违法已经成为引发道路交通事故的重要因素之一。虽然因行人违法引发的事故率较低,但一旦发生交通事故其死亡率则很高。

2) 违法行为分布特征

违法穿越行车道、违反交通信号、违法上机动车道行走是行人交通违法的主要表现。

对于涉及自行车的交通事故,其中自行车违法占道行驶、未按规定让行、逆行、违反交通信号等是造成交通事故的重要原因。

电动自行车未按规定让行、违法占道行驶、逆行和违反交通信号等违法行为是造成电动自行车事故率高的主要原因。

3) 交通事故位置分布特征

交通事故位置分布特征如表 2-1 所示。

表 2-1　不同道路横断面位置的事故情况

年份	违法行为	事故起数		死亡人数		受伤人数		直接财产损失	
		数量/次	占总数/%	数量/人	占总数/%	数量/人	占总数/%	数量/元	占总数/%
2005	合计	450254	100	98738	100	469911	100	1884011686	100
	混合式	217537	48.32	50300	50.94	234307	49.86	614148581	32.60
	分向式	94062	20.89	21376	21.65	98341	20.93	517516103	27.47
	分车式	25860	5.74	4486	4.54	25479	5.42	93526910	4.96
	分车分向式	112795	25.05	22576	22.87	111784	23.79	658820092	34.97
2006	合计	378781	100	89455	100	431139	100	1489560352	100
	机动车道	250374	66.10	59961	67.03	281664	65.33	1173326690	78.77
	非机动车道	17121	4.52	3185	3.56	18841	4.37	29195383	1.96
	机非混合道	94241	24.88	22024	24.62	111837	25.94	206304109	13.85
	人行道	1894	0.50	349	0.39	2069	0.48	4915549	0.33
	人行横道	4848	1.28	725	0.81	4915	1.14	5809285	0.39
	紧急停车带	530	0.14	259	0.29	517	0.12	22194449	1.49
	其他	9773	2.58	2952	3.30	11296	2.62	47814887	3.21
2007	合计	327209	100	81649	100	380442	100	1198783999	100
	机动车道	213281	65.18	54030	66.17	244752	64.33	934008278	77.91
	非机动车道	15289	4.67	3026	3.71	17200	4.52	25468455	2.12
	机非混合道	83541	25.53	20710	25.37	101331	26.64	177519260	14.81
	人行道	1563	0.48	335	0.41	1763	0.46	3735934	0.31
	人行横道	4800	1.47	763	0.93	5006	1.32	5247899	0.44
	紧急停车带	553	0.17	256	0.31	306	0.16	12168198	1.02
	其他	8182	2.50	2529	3.10	9788	2.57	40635975	3.39

4）各交通方式肇事导致的死亡人数分布特征

各交通方式肇事导致的死亡人数分布特征如图2-1所示。

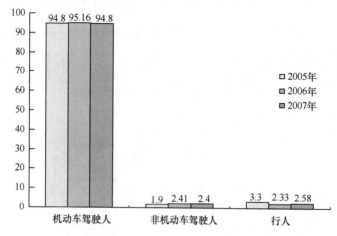

图 2-1 2005～2007 年各交通方式肇事导致死亡人数对比图（单位：%）

5）事故伤亡人员交通方式分布特征

事故伤亡人员交通方式分布特征如图2-2所示。

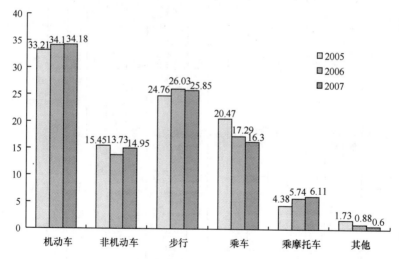

图 2-2 2005～2007 年交通事故死亡人数交通方式组成（单位：%）

6）非机动化交通方式事故总体特征

步行是最基本的交通出行方式。由于我国机动车以及非机动车的数量庞大，行人与其他交通方式之间的冲突严重，造成行人更易受到伤害。通过调查发现，步行是除机动车外死亡率最高的一种交通方式。发生在人行横道上的交通事故数量呈逐年上升的趋势,且每年的增长率是相近的,这表明这一问题并没有得到有效的缓解。

我国作为自行车大国,自行车出行始终占据着出行方式结构中很大的比重。在自行车道宽度不足的地方易发生摩擦碰撞事故。在机非之间没有设置物理屏障的地方,机动车占有非机动车道、突然靠边停车、停车后猛开车门都是对自行车骑行的一种威胁。而在自行车和机动车交通混行的平面交叉口,二者之间由于速度差异会相互影响,这也是一种安全隐患。

由于快捷轻便,电动自行车近年来得到了广泛的使用。又因其速度过高和管理不足等问题,与电动自行车相关的交通事故比例也越来越高。数据显示,2007开始电动自行车已超过自行车成为非机动车交通事故的第一大群体。在二轮车肇事的事故中,电动自行车事故死亡率已跃居第二位,仅次于摩托车。此外,电动自行车侧面碰撞事故的死亡比例也在迅猛增加。工作日上、下班高峰成为电动自行车事故的多发时段。城市道路电动自行车事故比例较大,而公路电动自行车事故死亡率高。

2.2　行人交通安全现状

2.2.1　行人交通事故特点

近年来,随着我国交通安全形势的日趋严峻,行人交通安全也已成为学者普遍关心的问题。因为行人是车外交通参与者,又是无防护的交通参与者,在道路交通事故中最容易受到伤害,形成死亡或重伤的恶性交通事故。据统计,全世界 1/3 的交通事故都与行人有关;欧盟对道路交通事故分析显示,行人死亡数据是车内乘员的 9 倍。在我国交通事故中,步行交通方式死亡人数比例也较高。2007 年,行人发生道路交通事故导致伤亡人数占总伤亡人数的 19.9%[36]。

在行人交通事故中,车体的加害部位主要在于保险杠、发动机罩和挡风玻璃。对于儿童,发动机罩表面是头部损伤的主要加害部位,而对于成人的头部损伤,挡风玻璃是主要加害部位;对于腿部损伤,不管是成人还是儿童,加害部位都主要在于前保险杠。这些说明针对保险杠、发动机罩和挡风玻璃的设计改进非常重要。

此外,身体不同部位对碰撞速度的承受能力不同,最容易受伤的部位为膝关节、小腿胫骨,其次是头部、胸部和大腿。世界卫生组织对交通事故的研究表明,行人被机动车撞击后死亡的可能性随碰撞速度的增加而急剧增加,行人等缺乏防护的弱势道路使用者,被 30km/h 速度行驶的车辆碰撞时多数可以存活,当碰撞时车辆速度超过 30km/h 时,致命的可能性明显增大,当碰撞时车辆的速度达到 50km/h 时,死亡的风险是 80%,几乎很难幸免于难(图 2-3)[37]。因此,当交通环境中有大量行人与机动车冲突时,应将上限车速控制在 20~40km/h,尽量避免死亡事故的发生。

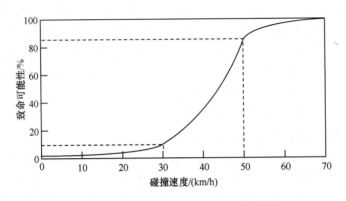

图 2-3　行人与车辆碰撞遭受致命伤害的可能性

另一方面,当前我国行人、非机动车驾驶人道路交通安全意识淡漠,真正懂道路交通法规的人不多,违反道路交通法规的现象十分普遍,行人、非机动车驾驶人闯红灯的行为比比皆是,行人跨越隔离设施或不走人行横道,在机动车道内行走,在封闭式机动车专用道或专供机动车通行的立交桥、高架桥、平台桥等道路上行走等违法行为随处可见。行人、非机动车驾驶人道路交通安全意识淡漠,不遵守交通法规已经成为现代文明的一大公害。

2.2.2　行人交通事故成因

根据《事故年报》等数据,整理出 2005~2009 年造成事故的行人违法行为,如表 2-2 所示。可见,行人违法已经成为引发道路交通事故的重要因素之一,行人不安全行为在中国已是一个很普遍的社会现象。虽然因行人违法引发的事故率较低,但一旦发生交通事故其死亡率则很高。在"以人为本"理念指导下,有必要对行人不安全行为及其引发的交通事故开展深入研究,从而降低行人违法率和伤亡人数。

图 2-4 对比分析了各年的行人违法行为数据,虽然统计口径不尽相同,但是违法穿越行车道、违反交通信号、违法上道路行走是行人违法的主要表现。相对而言,2005 年行人违反交通信号的比例为 3.23%,与 2006 年、2007 年数据相差甚大,可见与当时行人信号灯设施不完善有关,且当时行人对信号灯信任度较高。违法占道和违法上道路行走,一方面固然是行人主观所致,另一方面也与过街设施不完善不合理相关。

表2-2　造成交通事故的行人违法行为分析

年份	违法行为	事故起数		死亡人数		受伤人数		直接财产损失	
		数量/次	占总数/%	数量/人	占总数/%	数量/人	占总数/%	数量/元	占总数/%
2005	合计	7716	100.00	2482	100.00	5970	100.00	1564 0236	100.00
	违法穿越行车道	6275	81.32	1891	76.19	4970	83.25	10940004	69.95
	违法跨越隔离设施	220	2.85	106	4.27	138	2.31	1017602	6.51
	行人违反交通信号	249	3.23	94	3.79	172	2.88	537058	3.43
	违法上下车	152	1.97	58	2.34	107	1.79	238651	1.53
	违法携带危险物品	11	0.14	3	0.12	12	0.20	8100	0.05
	其他影响安全的行为	809	10.48	330	13.30	571	9.56	2898821	18.53
2006	合计	7005	100.00	2464	100.00	5336	100.00	11793024	100.00
	违法上道路行走	695	9.92	437	17.74	308	5.77	4291116	36.39
	违法占道	574	8.19	142	5.76	497	9.31	405934	3.44
	违反交通信号	2532	36.15	594	24.11	2251	42.19	2884150	24.46
	其他影响安全的行为	3204	45.74	1291	52.39	2280	42.73	4211824	35.71
2007	合计	5461	100.00	1982	100.00	4043	100.00	13810229	100.00
	违法上道路行走	629	11.52	406	20.48	280	6.93	3958087	28.66
	违法占道	464	8.50	132	6.66	389	9.62	451467	3.27
	违反交通信号	1706	31.24	408	20.59	1429	35.35	2100666	15.21
	其他影响安全的行为	2662	48.75	1036	52.27	1945	48.11	7300009	52.86

续表

年份	违法行为	事故起数		死亡人数		受伤人数		直接财产损失	
		数量/次	占总数/%	数量/人	占总数/%	数量/人	占总数/%	数量/元	占总数/%
2008	合计	3638	100.00	1388	100.00	2620	100.00	6999540	100.00
	违法上道路行驶	570	15.67	388	27.95	229	8.74	3140794	44.87
	违法占道	302	8.30	88	6.34	242	9.24	318843	4.56
	违反交通信号	1309	35.98	343	24.71	1090	41.60	1472132	21.03
	其他影响安全的行为	1457	40.05	569	40.99	1059	40.42	2067771	29.54
2009	合计	2719	100.00	1189	100.00	1743	100.00	7858384	100.00
	违法上道路行驶	576	21.18	428	36.00	180	10.33	3325590	42.32
	违法占道	214	7.87	86	7.23	160	9.18	288423	3.67
	违反交通信号	989	36.37	275	23.13	789	45.27	1165921	14.84
	其他影响安全的行为	939	34.53	400	33.64	613	35.17	3077428	39.16

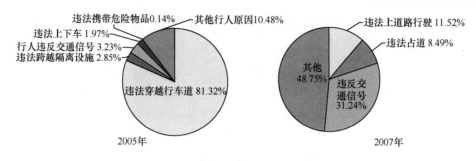

图 2-4 交通事故中行人违法行为分析

2.3 自行车交通安全现状

2.3.1 自行车交通事故特点

所谓自行车事故是指骑自行车的人或推自行车行走的人在道路上被机动车碰挂、擦轧或与非机动车相撞而造成的人员伤亡和车辆毁坏事故。自行车事故每时每刻都在发生,在道路交通事故中占有相当比重。据统计,就在事故中负有主要责任而言,自行车事故占全国道路交通事故总数的 30% 左右;就死伤人员而言,自行车事故受伤人数占全国道路交通事故受伤人员总数的 35% 左右,死亡人数占全国道路交通事故死亡人数的 25% 左右;在我国城市交通事故统计中,与自行车有关的交通事故占 35% 左右,其中死亡事故与自行车有关者占 30%。因此,研究自行车骑行者的交通特性,分析自行车诱发交通事故的原因,对预防和减少此类交通事故、保护自行车骑行者的交通安全有着重要的现实意义。

通过对《事故年报》中自行车事故统计的分析,不难发现由违法占道行驶、未按规定让行、逆行、违反交通信号等引起的事故次数在事故总数中占重要比重(图 2-5)。事故统计如表 2-3 所示[38]。

2.3.2 自行车交通事故成因

研究表明,造成自行车交通事故的原因是多方面的:

(1)缺少交通安全的宣传,交通安全意识淡薄,使得部分骑车人违反交通法规是造成自行车交通事故的重要原因。

(2)自行车道路的宽度不足。据调查显示,北京一些干道的自行车道不足 2m,有些自行车道变成了可供机动车行驶的车道,还有的划设了停车位,这些都影响了自行车的正常行驶及其安全。在北京有 26% 的人认为自行车道太窄,而认为有些自行车道太窄的占 62%。88% 的人反对在自行车道划设停车位,85% 的人反对在自行车道上行驶机动车。

(a) 未按规定让行　　　　　　　(b) 逆行

(c) 违反交通信号　　　　　　　(d) 占道行驶

(e) 上高速公路骑行　　　　　　(f) 骑车带人

(g) 载物过重　　　　　　　　　(h) 乱停乱放

(i) 骑车嬉戏　　　　　　　　　(j) 单手骑车

图 2-5　各种不安全骑行行为

续表

年份	违法行为	事故起数		死亡人数		受伤人数		直接财产损失	
		数量/次	占总数/%	数量/人	占总数/%	数量/人	占总数/%	数量/元	占总数/%
2007	违反交通信号	1059	8.49	165	8.38	1071	8.27	1364937	10.92
	未按规定让行	2310	18.52	371	18.85	2431	18.77	2376750	19.02
	无证驾驶	30	0.24	8	0.41	25	0.19	18836	0.15
	其他影响安全行为	3154	25.29	579	29.42	3133	24.19	3180906	25.46
	小计	9492	100.00	1609	100.00	9969	100.00	10589675	100.00
	超速行驶	478	5.04	61	3.79	517	5.19	336029	3.17
	酒后驾驶	147	1.55	45	2.80	140	1.40	119610	1.13
	逆行	1565	16.49	194	12.06	1832	18.38	1448853	13.68
	违法超车	306	3.22	25	1.55	323	3.24	181507	1.71
	违法牵引	19	0.20	4	0.25	19	0.19	19250	0.18
	违法抢行	340	3.58	64	3.98	343	3.44	415910	3.93
2008	违法上道路行驶	272	2.87	60	3.73	270	2.71	263864	2.49
	违法停车	17	0.18	1	0.06	19	0.19	14390	0.14
	违法占道行驶	1750	18.44	294	18.27	1820	18.26	1900945	17.95
	违法装载	66	0.70	12	0.75	70	0.70	30747	0.29
	违反交通信号	984	10.37	192	11.93	978	9.81	1482643	14.00
	未按规定让行	1934	20.38	377	23.43	2027	20.33	2391686	22.59
	无证驾驶	32	0.34	4	0.25	33	0.33	11277	0.11
	其他影响安全行为	1582	16.67	276	17.15	1578	15.83	1972964	18.63

续表

年份	违法行为	事故起数		死亡人数		受伤人数		直接财产损失	
		数量/次	占总数/%	数量/人	占总数/%	数量/人	占总数/%	数量/元	占总数/%
	小计	9548	100.00	1578	100.00	10151	100.00	11118164	100.00
	超速行驶	515	5.39	70	4.44	549	5.41	262887	2.36
	酒后驾驶	162	1.70	44	2.79	155	1.53	144584	1.30
	逆行	1708	17.89	216	13.69	2044	20.14	1848038	16.62
	违法超车	314	3.29	18	1.14	380	3.74	166778	1.50
	违法牵引	4	0.04	0	0.00	5	0.05	3882	0.03
	违法抢行	299	3.13	58	3.68	289	2.85	293704	2.64
2009	违法上道路行驶	371	3.89	81	5.13	360	3.55	501858	4.51
	违法停车	19	0.20	4	0.25	20	0.20	21869	0.20
	违法占道行驶	1632	17.09	271	17.17	1710	16.85	1748683	15.73
	违法装载	69	0.72	16	1.01	60	0.59	55080	0.50
	违反交通信号	1079	11.30	176	11.15	1097	10.81	1626503	14.63
	未按规定让行	1905	19.95	342	21.67	2069	20.38	2587316	23.27
	无证驾驶	25	0.26	4	0.25	32	0.32	13460	0.12
	其他影响安全行为	1446	15.14	278	17.62	1381	13.60	1843522	16.58

（3）机动车的威胁，机动车道和非机动车道之间缺乏物理隔离设施，骑车人缺少安全感。据调查，骑车人认为机动车对自行车的威胁主要是占用自行车道行驶（74%），随后是突然靠边停车（68%）、停车后猛开车门（44%）以及公交车进站（35%）。92%的人认为有必要在机动车道和非机动车道之间设置物理隔离。

（4）因为自行车与机动车的速度不同，自行车、机动车在城市道路平面交叉口混行的状况不仅降低了高峰时段通行能力，而且造成了很多的交通安全隐患。

2.4　电动自行车交通安全现状

2.4.1　电动自行车交通事故特点

随着电动自行车的广泛使用，电动自行车交通事故数量呈逐年升高的趋势，所引发交通事故的严重性也在逐年加剧。在电动自行车是否应该上路的争论上，安全问题是需要重点考虑的一个因素。

从《事故年报》数据来看，整个 2007 年，全国由于交通事故造成电动自行车驾驶人死亡 2469 人、伤 16480 人，分别占同期总数的 3.02% 和 4.33%，与往年同期相比，事故死亡人数增加 868 人，上升 54.22%，受伤人数增加 4063 人，上升32.72%。其中电动自行车肇事交通事故（即电动自行车负主要以上责任的事故）为 5191 起，造成 602 人死亡、5700 人受伤。与往年同期相比，事故起数增加 1118起，上升 27.45%，死亡人数增加 205 人，上升 51.64%，受伤人数增加 1355 人，上升 30.58%。具体数据如表 2-4 和表 2-5 所示[39]。

表 2-4　2005～2007 年非机动车骑行者伤亡情况统计表

年份	交通方式	死亡人数	受伤人数
2005	自行车	11407	51302
	助力自行车	303	2330
	电动自行车	1037	9485
2006	自行车	8471	35310
	助力自行车	197	1509
	电动自行车	1601	12417
2007	自行车	7553	28897
	助力自行车	193	1405
	电动自行车	2469	16480

表 2-5　2005～2007 年非机动车责任事故情况统计表

年份	交通方式	事故起数	死亡人数	受伤人数	直接财产损失/元
2005	自行车	8015	1204	7612	9231657
	助力自行车	810	89	846	565204
	电动自行车	2837	207	3007	2449215

续表

年份	交通方式	事故起数	死亡人数	受伤人数	直接财产损失/元
	自行车	6621	1233	6314	6567954
2006	助力自行车	605	76	657	464133
	电动自行车	4073	397	4365	3994691
	自行车	4939	957	4680	4797335
2007	助力自行车	566	62	698	404988
	电动自行车	5191	602	5700	5463758

图 2-6 显示了电动自行车骑行者伤亡人数的变化情况，从 2005 年到 2007 年呈逐年上升的趋势。由图 2-7 可知，电动自行车责任交通事故数量、伤亡人数和财产损失呈逐年上升的趋势，2007 年电动自行车责任交通事故数和受伤人数首次超过自行车，说明电动自行车已超过自行车成为非机动车交通事故的第一大群体。

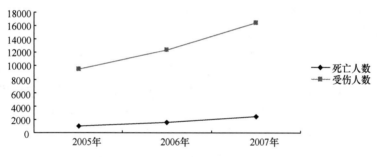

图 2-6 电动自行车伤亡情况趋势图

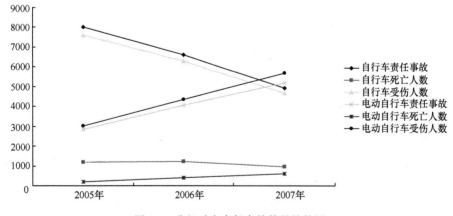

图 2-7 非机动车责任事故数量趋势图

通过对事故统计数据的分析[40,41]，发现电动自行车的事故发生特点明显，具体表现在以下几个方面：

1) 工作日上、下班高峰时段电动自行车事故多发

上午 7 时至 9 时和下午 16 时至 18 时是电动自行车车事故高发时段,事故起数分别占总数的 13.99% 和 13.84%。此外,周一至周四的电动自行车交通事故发生比例高于周六和周日,日平均高出 2.8 个百分点。

2) 城市道路电动自行车事故比例较大,公路电动自行车事故死亡率高

城市道路发生电动自行车事故 1414 起,占电动自行车事故总数的 53.47%。公路电动自行车事故中,按公路技术等级分,二、三级公路事故比例较高,分别占公路电动自行车事故总数的 25.42% 和 20.55%;按公路行政等级分,县乡道路事故约占公路电动自行车事故的 51.98%。从事故严重程度看,公路电动自行车事故的百起事故死亡率为 14,比城市道路的百起事故死亡率 8 高出 75%。

3) 侧面碰撞电动自行车事故死亡人数比例迅猛增加

按事故形态分,侧面碰撞电动自行车事故的起数和死亡人数分别占电动自行车事故总数的 47.09% 和 47.85%,同比上升 38.75% 和 106.15%;正面碰撞电动自行车事故的起数、死亡人数分别占电动自行车事故总数的 27.06% 和 28.57%,同比上升 22.35% 和 45.45%,侧面碰撞电动自行车事故导致的死亡人数上升比例接近电动自行车事故死亡人数上升比例的 2 倍,增幅迅猛。

4) 二轮车肇事事故中,电动自行车事故死亡率仅次于摩托车,居第二位

电动自行车单方事故的起数仅占总数的 2.99%,导致的死亡人数却占总数的 7.92%,事故次数致死率极高;其次电动自行车与汽车发生事故的起数占总数的 39.15%,但导致的死亡人数占总数的 52.7%,事故次数致死率也比较高。相比而言,电动自行车与行人,其他非机动车,摩托车发生事故的起数分别占总数的 22.49%、21.31%、9.15%,导致的死亡人数分别占总数的 18.13%、7.29%、5.83%。

5) 导致电动自行车发生事故的主要原因依次为未按规定让行、违法占道行驶、逆行和违反交通信号

从事故原因看,未按规定让行、违法占道行驶、逆向行驶、违反交通信号灯、超速行驶等违法行为导致的电动自行车事故起数分别占电动自行车事故总数的 20.41%、16.36%、15.00%、7.90%、6.65%,同比分别上升 83.29%、3.59%、17.11%、31.25% 和 35.28%。

6) 发生在机动车道的电动自行车事故比例较高

从事故发生点所处的道路横断面位置看,在机动车车道内所发生的电动自行车事故起数和死亡人数分别占电动自行车事故总数的 50.30%、60.71%,同比上升 30.49% 和 34.92%;发生在机非混合道内的电动自行车事故起数和死亡人数分别占总数的 27.25% 和 25.71%,同比上升 56.16% 和 132.26%。

2.4.2　电动自行车交通事故成因

1. 电动自行车自身因素

电动自行车是二轮简单结构，而且骑行者没有防护设施，使得在安全性、舒适性、稳定性方面比较差。电动自行车只有两点接触地面，且接触面积小，不运行则不稳；运行时重心高、处于动态平衡中，骑车人一旦失去平衡就会摔倒，若受到横向外力会造成转向或倾覆，容易引发交通事故。电动自行车的行驶速度介于摩托车与自行车之间，而它的机械性能却远比不上摩托车，因此在遇到突发事件时会应变力不足。电动自行车会造成道路上各类车辆速度差异性的加大，电动自行车一方面要超越自行车，另一方面又要应对机动车的超越。

按当前的管理要求，电动自行车属于非机动车，在机非混行的道路上，应当靠车行道的右侧行驶。但是电动自行车在非机动车道内行驶时与普通自行车形成混合交通流，电动自行车比普通自行车的速度快、质量大，制动时惯性也大，容易导致交通事故。由于行驶速度较快，许多电动自行车驾驶员为避让慢速的普通自行车和行人，经常突然转向，或转入机动车道行驶，但电动自行车的速度又比机动车慢，所以在机动车道内又与机动车形成混合交通流，往往导致电动自行车与机动车之间发生事故。

在机非隔离的道路上，由于电动自行车的动力来自电瓶，响声很小，在非机动车道上的行人和骑自行车的人很难判断电动自行车的到来，当被电动自行车超越时容易措手不及，造成车辆擦刮、人员擦伤。

另外，由于电动自行车生产厂家鱼龙混杂，部分质量不合格产品流入到消费者手中，不合格的产品行驶在道路上必然存在安全隐患，容易产生交通事故。

2. 驾驶人因素

电动自行车驾驶人在道路行驶中交通违法行为突出。由于电动自行车驾驶人没有经过专门的交通安全法律法规的培训，对交通法规的认知存在盲区，致使其道路交通违法行为严重，如未按规定让行、违法占道行驶、逆向行驶、违反交通信号、酒后驾车等。虽然现行法规对电动自行车在非机动车道行驶时的最高速度规定不得超过 15km/h，但大多数骑车人并不知道这一规定。实际上路行驶的车辆设计时速可达 20～30km/h 甚至更高，电动自行车骑车人往往超速行驶，遇有紧急情况应变能力极差，容易引发交通事故。

3. 交通规划问题

交通规划部门还没有对电动自行车的迅速发展形成足够的认识，在进行交通规划时对机动车关注较多，对非机动车关注较少，对非机动车的关注部分又集中在自行车上,这样导致交通规划方案缺少对电动自行车的考虑,部分路段和交叉口存在线形设计和控制方式上的问题。

4. 交通管理问题

对道路交通秩序进行直接管理的是交通警察,针对目前电动自行车交通事故多发的情况,很多城市的交警部门加大了对电动自行车的安全管理,如涉牌涉证专项整治、电动自行车违法行为专项整治、电动自行车骑行者的安全教育等行动,对电动自行车交通安全性的提升起到了很好的作用,但是还存在着一些问题:

(1)电动自行车国家标准严重落后,致使超标车泛滥,而交通警察只负责电动自行车的路面管理,缺乏对电动自行车生产和流通过程中的上游管理依据。

(2)限于人员和技术手段的匮乏,由交警部门为主开展的对电动自行车骑行者的安全宣传教育效果不佳。

(3)根据现行法规,交警部门对违反交通法规的电动自行车的处罚力度太小,致使骑行者违法成本很低,超速、占用机动车道行驶、随意横穿车行道、乱停乱放等违法行为时常发生。

(4)电动自行车被盗现象严重,大部分城市电动自行车没有实行上牌照制度,对电动自行车骑行者的权益保护没有落到实处。

第 3 章　行人交通行为特征分析及建模

3.1　行人交通行为的观测及分析方法

3.1.1　调查内容

行人过街行为调查是对道路交叉口的行人在穿越车道和车辆交通流时的各种行为过程和行为参数的调查。调查内容主要包括以下几个方面：

1. 行人过街数量

调查时间内的过街行人数量、正确使用人行横道的人数、遵守行人信号的人数等。

2. 行人过街行为

走向、警惕性(是否观察左右交通再通过)、路径选择、守法情况、个体行为还是群体行为、步行或跑步、过街速度、步幅、过街等待时间、等待位置选择、过街过程中的停驻次数、人均占用面积和平均行人间距等。

3. 行人过街意识和心理感知

各种信号显示方式下过街人行横道的选择意愿、安全感知、违法原因、等待极限、临界穿越间隙、人车让行规则理解等。

4. 其他

道路交叉口的几何条件、有无安全岛、交通控制情况、交通流情况、周边土地利用性质等外界和环境因素。

3.1.2　人工观测法

在调查的交叉口附近方便的位置，设一个或多个经过培训的交通观测员，观察某条人行横道处行人交通的过街特性，在现场的调查表格上画出各种计数符号，记录各项详细资料。

优缺点：该方法适用于任何地点的调查，机动灵活，易于掌握，能完整准确地获取行人过街的各种信息，资料整理也很方便。但是这种方法需要大量的人力，劳动强度大，冬夏季室外工作辛苦。

3.1.3 视频调查法

在所需调查的交叉口附近架设摄像机,在架设地点能同时拍摄到行人过街的行为和当时的信号灯显示情况。调查完成后,将摄制到的录像重新放映或显示出来,按照一定的要求以人工来统计所需信息。

优缺点:现场人员较少,资料可长期反复应用,获取的信息全面丰富。其缺点是费用较高,整理资料花费人工多。

3.1.4 现场综合调查法

结合人工观测法和问卷调查法,通过视频调查或人工观测获取行为信息,同时通过问卷调查获取行人过街行为过程中的心理活动特性,使用标号法将其数据对应起来。另外,对儿童、老人、外来务工人员等不便填写问卷的群体,采用深度访谈调查法获取其心理数据。

调查时,行为信息若是通过视频调查,则需记下问卷行人的过街时间点和体貌特征,便于将行为数据和问卷数据对应起来。若是采用人工观测法,则开始时观测人员和问卷人员先商量好确定调查对象,然后观测人员记录调查对象的行为信息,过街完成后问卷人员上前请调查对象帮忙完成问卷,若问卷完成,则观测人员在行为表格上标上行人编号,若问卷被拒绝,则不需要标号。

优缺点:因为要采用标号法保证数据一致性,调查工作的实施难度较高。现场调查过程中,样本组成较难控制,不易获取不同属性的行人样本。

3.2 信号控制交叉口行人过街行为特征分析

3.2.1 调查方案及结果

1. 调查地点

选择的观测地点应该满足以下几个条件:

(1) 要观测的交叉口是信号交叉口,带有人行横道。

(2) 行人组成的比例要适当,以便考虑性别和年龄对行人进行分类研究。

(3) 要观测的交叉口有足够的行人流量,行人的流量过大会使观测者混淆观测对象,行人的流量过小会使观测者精神不集中,从而影响观测得到的数据精度。

(4) 按照不同的交叉口类型进行选择,如按相交道路的类型进行划分。

(5) 兼顾交叉口周边用地的功能类型,如考虑交叉口周围的建筑是以政府办公类型为主还是以商业类型为主。

2. 调查内容

调查内容分为两个方面:外界和环境因素调查与行人行为调查。

外界和环境因素的调查内容包括:

(1) 交叉口形状、进口道数、道路中间的隔离情况(有无隔离和安全岛)。

(2) 人行横道数、人行横道长度和宽度、路面情况、有无人行横道配套标志。

(3) 交通流方向(单向或双向)、交通管理方式(信号灯、停车让行标志、人行横道施划等)、机动车和行人信号控制方式。

该部分内容采用人工调查法,具体表格设计如表 3-1 所示。

表 3-1　调查地点基本信息调查表

[1]　调查地点过街设施类型:＿＿＿＿＿＿＿＿＿
[2]　人行横道的类型:
1. 斑马线　2. 平行式(两条平行实线)　3. 其他
[3]　过街设施宽度:＿＿＿＿＿
[4]　调查地点附近主要人流吸引点:
[5]　过街设施处车流量:＿＿＿＿＿ pcu/h
[6]　过街设施人流量:＿＿＿＿＿ peds/h
[7]　交通管理方式
1. 信号灯　2. 停车让行标志　3. 人行横道施划　4. 无交通标志和标线
[8]　如存在信号灯,则信号控制方式是怎样的?
1. 只有机动车信号灯　2. 机动车行人均有信号灯
信号相位:＿＿＿＿＿＿＿＿＿
[9]　过街设施处道路板块形式及示意图＿＿＿＿＿＿＿
[10]　有哪些配套设施(包括交通诱导标志、隔离设施和遮盖设施等):＿＿＿＿＿＿＿＿
[11]　有无专门的管理人员或机构:＿＿＿＿＿＿
[12]　过街设施设置或设计存在哪些问题:＿＿＿＿＿＿＿＿＿＿＿＿
[13]　过街设施处违章过街现象:
1. 没有　2. 很少　3. 较少　4. 很多
[14]　过街设施处,有哪些违章现象:＿＿＿＿＿＿＿＿

行人过街行为的调查目的在于掌握各种行为出现的概率和不同情况下行为的差别性(即分析行为的影响因素)。

考虑到数据处理的过程具有重复性和连续性,而视频数据的采集和处理相当方便,其费用低、精度良好,所以视频采集法是最适合行人交通特征参数的采集方法。基于视频调查法的优点,行人过街行为调查采用视频采集法。具体方法如下:

（1）选择视野开阔、无障碍物遮挡的位置架设摄像机，尽可能与人行横道平行，以捕捉到所测地点的所有行人的穿越行为，即视野包括整个人行横道。

（2）将摄像机架设在较为隐蔽、不引人注意的位置，尽可能减少对行人和驾驶员行为的影响。

（3）观测时间选择高峰时间，同时选择一定数量的非高峰时间段进行调查，以进行比较。

（4）考虑到人员时间的安排，调查采用连续观测的方法，在每个观测点连续观测 2 次，每次至少 30min。所有观测时间累计超过 11h。

在拍摄完成后，组织专业调查人员进行统计。行人过街行为统计表格如表 3-2 所示。

表 3-2　信号控制交叉口行人过街行为调查表格

时段	行人编号	性别		是否步行		人行横道			行人信号		行为性	
		男	女	步行	跑步	完全使用	部分使用	没使用	遵守	没遵守	个体行为	群体行为

3. 调查结果

课题组于 2010 年 4 月～7 月对南京、武汉、石嘴山 3 个城市的 26 个信号控制交叉口的行人过街交通进行了视频调查，共获取了 6628 个行人数据。具体的调查地点、调查时间和样本量分布如表 3-3 所示。

表 3-3　调查地点和样本量分布

城市	地区	交叉口	人行横道	调查时段	行人样本量
南京	东部	8	32	8:30～9:00am 18:00～18:30pm	2342
武汉	中部	6	24	17:00～17:30pm	1871
石嘴山	西部	12	46	17:00～18:00pm	2415

调查地点包含了双向四车道道路相交的交叉口和双向 6 车道道路相交的交叉口，也包括两相位和四相位信号控制的交叉口。调查时间主要选取各城市的高峰时段，也适当覆盖到平峰时段。

3.2.2 过街行为过程与特征

在信号控制交叉口,行人的过街行为过程可以描述为:

(1) 行人到达:行人到达信号控制交叉口,先进行走向选择,是选择右转沿人行道走还是准备过街。

(2) 准备过街:到达行人过街等待区域时,进入准备过街阶段,行人会对周围的交通环境进行视觉搜索,包括信号灯的灯色、机动车及非机动车交通量、人行横道的长度、过街行人的数量等。这个阶段反映了行人过街行为的警惕性。

(3) 行为决策:行人根据当时的交通状况来判断是走还是停。如果行人拥有通行权,则实施过街过程,如果行人无通行权,则原地等待。

(4) 等待过街:决策完毕后,行人选择适当的等待位置开始等待。在等待过街过程中,行人一般会一边观察一边等待,有3种可能的等待结果:①守法过街,等待至行人信号灯变绿再通过;②待机而过,等待机动车辆减速、停驻或在车流中出现可穿越间隔后,选择适当时机过街;③抢行过街,车流中本无安全过街的间隙,行人快步穿越。

(5) 过街过程:过街过程中会出现两种情况:①一次通过人行横道;②二次过街或三次过街,原因可能是遇到与机动车或非机动车的冲突,包括与转弯车流冲突、与未清空车流冲突、与违法车流冲突等,而需要在人行横道上停驻后继续通过;或者是过街绿灯时间太短,走到人行横道中间信号已经变红,必须等到下一个绿灯信号再继续通过。在运动行为方面,过街过程可能是步行通过,也可能是跑步通过。在路径选择方面,是选择最短路径还是完全按照人行横道的标线行走。

3.2.3 守法行为与违法行为

守法行为/违法行为是指,在行人过街时,行人遵守/违犯《中华人民共和国道路交通安全法》(与行人相关的法律为第四十四条、四十七条、六十一条、六十二条、七十六条)和各种地方性道路交通安全法律、法规中有关行人或涉及行人的规定的行为。

可从设施角度将行人过街守法行为细分为3个范畴来分析。守法行为的内涵包括行人穿越街道时空间上安全使用行人过街交通设施、时间上安全使用行人过街交通设施以及空间和时间上同时安全使用行人过街交通设施。

据此分别统计各种行为的行人数量如表3-4所示。另外,对视频信息进行统计时分个人属性和行为守法性两个方面记录。个人属性包括性别和年龄,由于是从录像中读取数据,性别易于判断,但年龄信息不可能准确界定,所以将年龄段分成四组:<18,18~39,40~59,60+,根据行人图像判断其年龄组。

表 3-4　行人的守法情况统计

个人属性和行为守法性			行人数量	百分比/%
个人属性	性别	女性	2631	59.8
		男性	3997	40.2
	年龄	<18	1246	18.8
		18~39	2871	43.3
		40~59	1779	26.8
		60+	732	11.1
行为守法性	人行横道	完全使用	5513	83.2
		部分使用	507	7.7
		完全不使用	608	9.1
	行人信号	遵守	4879	73.6
		不遵守	1749	26.4
	总体守法性 (时空兼顾)	守法	4163	62.8
		违法	2465	37.2

在所有被观察的行人中,男性行人的比例高于女性行人。中青年行人数量最多,18~39 年龄组的行人接近一半。超过 80% 的行人能完全使用人行横道,完全不使用人行横道的人数超过了部分使用人行横道的人数。与使用人行横道的情况相比,使用行人信号灯的守法率相对较低,只有不到 75% 的行人在绿灯时间过街,其余行人都为闯红灯通过。计算得出行人的总体守法率为 62.8%。

南京、武汉、石嘴山的行人过街行为守法率并不在同一个水平,分别为 70.41%、51.74%、64.01%。南京的守法率最高,其次为石嘴山,最低的为武汉。武汉守法率低的主要原因是流动人口太多,他们对城市交通法规不清楚或不愿意遵守。南京是经济水平最高的城市,城市居民的交通意识相对要比其他两个城市高,因此交通秩序较好。

3.2.4　个体行为与群体行为

因为研究需要的不同,对个体行为和群体行为的界定各有不同。本书中群体行为的概念是指大批人(一般指两个以上)相对的自发的和无结构的思维、情感和行为的方式,群体是由相互影响、相互作用、相互依赖的个体组成的人群集合体。个体行为是相对于群体行为而言的。在行为学上,普遍认为,群体行为决定着个体行为的方向,个体行为是群体行为的体现。本书中,过街行人的个体行为特指人行横道上存在 1 或 2 个行人,群体行为特指人行横道上多于或等于 3 个行人,并不包括路边正在等待的行人。

基于前述调查数据,按照个体行为和群体行为分别统计。在所有6628个行人中,个体过街的行人数为3460(52.2%),群体过街的行人数为3168(47.8%)。

运用方差分析个体行为和群体行为在守法性3个范畴内有无显著差异:

(1)使用人行横道,$p=0.729>0.05$,个体行为和群体行为在人行横道使用方面并无显著差异。这是因为在行人过街时,更关注的是信号灯的显示情况,而不是脚下的人行横道线,所以个体行为和群体行为并无差异;

(2)遵守信号,$p=0.036<0.05$,说明在信号遵守方面,个体行为和群体行为的结果有明显差异性;

(3)总体守法性,$p=0.048<0.05$,说明在同时使用人行横道和遵守行人信号方面,个体行为和群体行为具有显著差异性。

下面针对信号遵守和总体守法与否两个方面进行优势比(odds ratio,OR)统计分析。

表3-5 行为群体性因素的OR计算

	群体性	总数	遵守		不遵守		单因素模型	
			数量	比例/%	数量	比例/%	OR值	95% CI
行人信号	个体行为	3460	2654	76.7	806	23.3	1.00	
	群体行为	3168	2225	70.2	943	29.8	0.72	(0.458~0.559)
	群体性	总数	守法		违法		单因素模型	
			数量	比例/%	数量	比例/%	OR值	95% CI
总体守法性	个体行为	3460	2248	65.0	1212	35.0	1.00	
	群体行为	3168	1915	60.4	1253	39.6	0.82	(0.745~0.916)

由表3-5可知,在遵守行人信号方面,OR值小于1,说明群体过街更不倾向于遵守交通信号,即群体过街的行人闯红灯比例比个体过街行人要大很多。这个结果充分表明,当其他人闯红灯时,行人跟随违法过街的概率变大。

因为在过街行人中存在严重的从众心理,个体在群体中他人的影响下其心理和行为会因受其影响发生改变,从而使个体以不同于独处时的方式行事。如当信号处于红灯相位时,过街行人在人行横道前聚集成群,等待绿灯相位或可穿越间隙,此时如果有人违法穿越,紧随其后会有其他有同样想法的行人也一起穿越,即在穿越过程中同时起步或同时停止。当等待过街的行人中的大部分都加入到违法穿越行列时,少数还没有选择穿越的行人很难继续等待过街。另外,也存在这样一种心理,即群体过街时行人安全感较大,行人会觉得到达的机动车更容易注意到这个群体,会主动地减速或停车避让,此时较容易违法。

除了上述结论,通过录像发现另外一个特征:在信号控制交叉口处等待时,个体比群体更容易违法过街,即路边等待的行人越多,闯红灯的比率越低。但是对于青少年行人,这个趋势是相反的。当青少年成群结伴通过交叉口时,更容易无视交通法规。

该现象可以从社会学理论和效用理论的角度得到解释。个体过街的行人因为较少地考虑到社会评论而更容易违法,而群体过街的行人会因为公众约束力(social control)而感到需要遵守社会秩序和社会规范,这是社会学关于群体行为形成研究中的紧急规范理论的体现。另一方面,当行人在红灯相位到达交叉口处时,看见有部分行人在等候,很可能会随之一起等候。因为有越多的行人在等待,说明红灯的剩下时间越少。一个简单的效用得失计算后觉得值得等待几秒钟来安全过街。从这个角度可推测,对于行人信号灯的设置,有倒计时的显示方式比较好。

3.2.5　行人违法率的影响因素模型

先运用单因素方差分析方法分别分析年龄、性别等个人属性对行人过街行为的选择有无显著影响。然后进一步运用 OR 统计分析方法来判断何种人群更倾向于选择守法行为。如果组别 1 和组别 2 正确使用人行横道的概率分别是 a、b,则OR 计算方法为

$$OR = \frac{b/(1-b)}{a/(1-a)} = \frac{b(1-a)}{a(1-b)} \tag{3-1}$$

如果 OR>1,则组别 2 更倾向于正确使用人行横道,否则结果相反。

为分析方便,将部分使用人行横道与完全没使用人行横道合并成一类,统称为没有使用人行横道。

1. 行为守法性与性别因素的相关性

在使用人行横道方面,$p = 0.249 > 0.05$,说明不同性别行人在是否正确使用人行横道方面并无显著差异;在使用信号灯和总体守法性方面,均有 $p < 0.05$,说明不同性别的行人有显著的差异性。因此,在进一步的优势比计算中,只计算有显著影响的结果(使用行人信号和守法率),以比较男性和女性哪组人群更倾向于遵守交通信号和守法过街。OR 值计算结果如表 3-6 所示。

表 3-6　性别因素的 OR 值计算

	性别	总数	遵守		不遵守		单因素模型	
			数量	比例/%	数量	比例/%	OR 值	95% CI
行人信号	女性	2631	1910	72.6	721	27.4	1.00	
	男性	3997	2969	74.3	1028	25.7	1.09	(0.818~1.007)

续表

总体守法性	性别	总数	守法		违法		单因素模型	
			数量	比例/%	数量	比例/%	OR 值	95% CI
	女性	2631	1592	60.5	1039	39.5	1.00	
	男性	3997	2570	64.3	1427	35.7	1.18	(1.086~1.327)

从表 3-6 的 OR 值,可知男性行人过街时更倾向于遵守交通法规,即说明女性行人比男性行人更容易违法过街,主要原因在于:①女性行人最大的一个特点是,中年妇女违法的很多,如发现有可穿越间隙,大多会不顾其他意外情况急忙加速过街穿越;②女性持有驾照的较少或者驾龄较短,可能交通意识较为淡薄;③女性步速比男性慢,很多时候会出现绿灯信号期间来不及过街的情况,而男性中此情况较少。

2. 行为守法性与年龄因素的相关性

使用人行横道,$p = 0.009 < 0.05$;遵守信号,$p = 0.003 < 0.05$;守法行为,$p = 0.012 < 0.05$。可见,年龄对空间上、时间上使用行人设施和是否违法都有显著影响,不同年龄组别表现出的过街行为在这 3 个方面有较大差别。OR 值计算结果如表 3-7 所示。

表 3-7 年龄因素的 OR 计算

人行横道	年龄	总数	使用		未使用		单因素模型	
			数量	比例/%	数量	比例/%	OR 值	95% CI
	<18	1246	1068	85.7	178	14.3	1.00	
	18~39	2871	2365	82.4	506	17.6	0.78	(0.649~0.940)
	40~59	1779	1407	79.1	372	20.9	0.63	(0.518~0.767)
	60+	732	673	92.1	59	7.9	1.95	(1.418~2.645)
行人信号	年龄	总数	遵守		不遵守		单因素模型	
			数量	比例/%	数量	比例/%	OR 值	95% CI
	<18	1246	977	78.3	269	21.7	1.00	
	18~39	2871	2148	74.8	723	25.2	0.82	(0.701~0.963)
	40~59	1779	1165	65.4	614	34.6	0.52	(0.442~0.617)
	60+	732	589	80.5	143	19.5	1.14	(0.908~1.430)

总体守法性	年龄	总数	守法		违法		单因素模型	
			数量	比例/%	数量	比例/%	OR 值	95% CI
	<18	1246	880	70.6	366	29.4	1.00	
	18~39	2871	1634	56.9	1237	43.1	0.55	(0.476~0.634)
	40~59	1779	1094	61.5	685	38.5	0.67	(0.569~0.775)
	60+	732	555	75.8	177	24.2	1.26	(1.020~1.550)

无论是使用人行横道、遵守行人信号还是守法过街,60 岁＋年龄组的 OR 值都大于 1,说明这三个方面老年行人的行为都能较好地遵守交通法规。因为老年人在交通活动中较为谨慎,对来往机动车辆惧怕性较高,冒险闯红灯等行为就较少。

18~39 岁、40~59 岁这两个组别的 OR 值均小于 1,说明这两个组别更容易违法过街。青年男性行人对自己的速度、灵活性和避险能力有自信,中年女性更容易无视交通法规,这两类人是违法行为最突出的群体,这个年龄段应该是重点管理和教育的对象。

表 3-7 也说明<18 岁的行人的过街守法情况比中年行人要好,说明青少年更重视交通法规的权威性,这是因为对于青少年的交通安全教育是比较成功的。现在中国很多学校都有专门的交通安全课和交通安全宣传活动等,该类措施应大力推广,有些成功做法可普及到其他年龄段的行人。

3. 违法率与行人流量的相关性

通过观察发现一段时间内行人违法人数、违法率可能与行人交通量相关,对其作数据统计分析。违法过街的行人数与行人流量的折线图如图 3-1 所示。

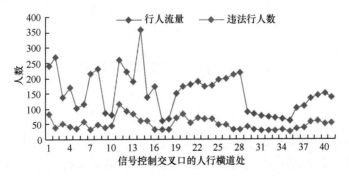

图 3-1　信号控制交叉口的违法行人数和行人流量

由图 3-1 可知,信号控制交叉口的违法行人数与行人流量的变化规律在很大程度上有一致性。行人违法率与行人流量的散点图如图 3-2 所示。

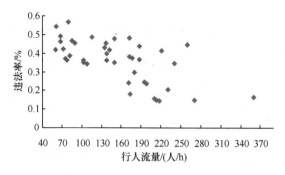

图 3-2　信号控制交叉口的违法率和行人流量散点图

违法率随着行人流量的增多呈现下降的趋势。但是违法率和行人流量两者的线性相关性并不明显,可能有两方面原因:一是两个变量之间的关系存在不确定性,二是数据的统计样本不够,受各种随机因素的影响波动比较大。

4. 守法率与信号时长的相关性

调查地点的绿灯时间、红灯时间较为集中,主要是在 20～30s,而且相同的数字也很多,因此统计时将绿灯、红灯时间分区间统计。按照各时长出现的频率将时间区间划分为 10～19s、20～24s、25～29s、30～39s、40～59s、60～79s、80s＋。将绿灯时间、红灯时间区间对应的守法率取平均值,画出守法率与绿灯、红灯时间的相关图如图 3-3 所示。

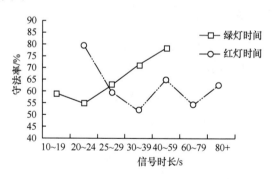

图 3-3　守法率与绿灯、红灯时间的相关图

守法率随绿灯时间和红灯时间而变化的趋势是完全相反的,随着绿灯时间的增加守法率的大致走向是上升的,而随着红灯时间的增加行人守法率呈现降低的趋势但略有波动。这是因为,较长的绿灯时间可以保证行人来得及在绿灯时间过街,不会产生过街后半段被迫在红灯期间行走的情况。而随着红灯时间的增长,在前期到达的行人会出现不耐烦的情绪,自然也会选择可穿越间隙通过。因此,根据交叉口的具体流量情况,设置合理的过街时间能在一定程度上提高行人的守法率。

3.3　无信号控制过街处行人过街行为特征分析

3.3.1　调查方案及结果

　　无信号控制过街处的调查方法同信号控制交叉口,使用人工调查和视频调查相结合的方法。调查内容有所区别,除了也要调查外界和环境因素外,还需使用雷达测速枪获取人行横道处、距离人行横道25m处车辆的到达速度。速度数据的调查采用人工调查法,两组调查人员分别位于人行横道处和距离人行横道25m处的路缘石外,每组有三个调查人员,一人测速,一人记录时间和速度,一人记录车型和牌照(为后续的牌照法计算区间速度做准备)。

　　行人行为的调查采用摄像法,先使用摄像机记录下当时的过街情况,后续组织人员在室内进行统计,统计内容如表 3-8、表 3-9 所示。

表 3-8　行人基本体貌特征

行人编号	性别		年龄				残障人士	
	男	女	儿童	青年	中年	老年	是	否

表 3-9　行人过街停驻次数调查

时间	一次过街人数	二次过街人数	逐车道过街人数

　　通过对南京市进香河路上某无信号控制过街处行人过街行为调查,共获取无信号控制过街处的行人过街停驻行为样本 407 组,行人速度与过街率数据 325 组。

3.3.2　临界穿越间隙

　　在无信号控制过街处,行人主要根据车速、距离来判断该时间间隔内是否能够通过,并依赖于个体的心理状态、经验、判断和反应能力。行人在进行判断时,心里会存在一个自己定义的安全过街间隔,即临界穿越间隙(critical gap,CG),也称为可接受间隙,可以由下式计算:

$$CG = \frac{L}{S} + F$$

式中:L——过街距离,一般指人行横道长度;

　　　S——该行人的平均过街速度。F包括行人对自己的启动损失时间的估计、过街后距离下一辆车到达的安全间隔等,是能反映该行人激进过街特性、危险感知等的因子,一般在 2.5s 左右。

3.3.3 停驻次数与停驻时间

对于无信号控制过街处,行人根据观察选择可穿越间隙,需要在过街过程中停驻等待下一个可穿越间隙。根据调查数据提取行人过街过程中停驻次数和停驻时间进行分析,具体如图 3-4、图 3-5 所示。

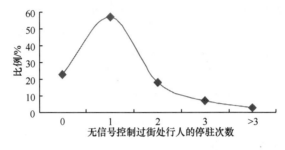

图 3-4　行人停驻次数分布图

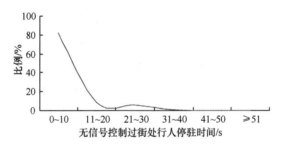

图 3-5　行人停驻时间分布图

无信号控制人行横道处行人过街过程中,停驻次数为 1 次的最多,所占比例为 60% 左右,说明行人在无信号控制人行横道处通常需要二次过街,这是由于行人在穿越无控人行横道时需要根据车流状况选择可穿越间隙实现过街;停驻次数为 0 次、2 次的比例相近;停驻次数为 3 次及以上的比例较低。

无信号控制无人行横道或者无信号控制有人行横道处,行人过街停驻时间大都分布在 0~10s 之间,比例均达到 80% 左右,停驻时间大于 40s 的所占比例很低。

3.3.4 行人过街率与车辆到达速度的相关性

行人过街率的定义:行人过街人数占总行人数的比例。总行人数为人行横道上的过街行人和路边等待过街的行人两部分之和。

调查获取速度与过街率数据 325 组,将数据按照速度归类。同一速度会获取多个对应的行人过街率数据,将其取平均得到该速度对应的行人过街率统计值。
两者相关性分析如图 3-6 所示。

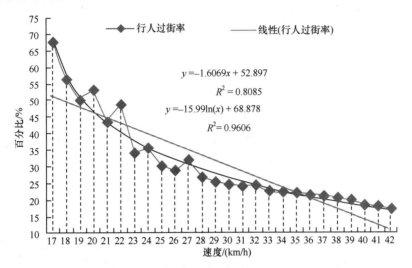

图 3-6　行人过街率与车辆到达速度的折线图

从数据变化趋势来看,调查数据与原联邦德国的调查结论具有一致性,即在接近人行横道 25m 处,当汽车时速为 8～16km/h 时,约有 90％的行人穿过道路;当汽车时速为 32～40km/h 时,穿过道路的行人不超过 40％。行人过街率随着车速的增加呈逐渐降低趋势。

对调查数据进行了线性拟合和多项式拟合,选用 R^2 为模型选用的判定系数。R^2 是相关系数的平方值(R square),也称为模型精确度判定系数,即 R^2 越接近 1,模型拟合得越精确。从图 3-6 的拟合结果来看,线性模型虽然能够反映数据变化的基本趋势,但是在采用指数、对数、乘幂、移动平均拟合后发现对数模型的拟合结果最精确,R^2 超过了 0.96。

3.4　行人不安全交通行为的心率参数分析

本节拟探索心率变化与行人的不同过街行为及状态是否有关系,同时通过心率数据反推行人在该行为状态下的心理状态和安全感知特征。

3.4.1　行人不安全交通行为定义

1. 基于《道路交通安全法》的定义

行人交通安全/不安全行为在有关法律法规上有明确的规定。安全/不安全行为特指：行人/机动车驾驶员遵守/违犯《中华人民共和国道路交通安全法》和各种地方性道路交通安全法律、法规中有关行人或涉及行人的规定的行为。

《中华人民共和国道路交通安全法》中第六十一条规定[42]：“行人应当在人行道内行走，没有人行道的靠路边行走。”第六十二条规定：“行人通过路口或者横过道路，应当走人行横道或者过街设施；通过有交通信号灯的人行横道，应当按照交通信号灯指示通行；通过没有交通信号灯、人行横道的路口，或者在没有过街设施的路段横过道路，应当在确认安全后通过。”

第四十四条规定：“机动车……通过没有交通信号灯、交通标志、交通标线或者交通警察指挥的交叉路口时，应当减速慢行，并让行人和优先通行的车辆先行。”第四十七条规定：“机动车行经人行横道时，应当减速行驶；遇行人正在通过人行横道，应当停车让行。机动车行经没有交通信号的道路时，遇行人横过道路，应当避让。”

第七十六条规定：机动车与非机动车驾驶人、行人之间发生交通事故的，由机动车一方承担责任；但是由证据证明非机动车驾驶人、行人违反道路交通安全法律、法规，机动车驾驶人、行人违反道路交通安全法律、法规，机动车驾驶人已经采取必要处置措施的，减轻机动车一方的责任。

2. 基于设施使用的定义

另外也可从守法过街的角度来判断行人的安全交通行为。相应地，将行人安全交通行为定义为，行人穿越街道时，依照现有道路交通法律、法规正确使用行人交通设施，包括空间上安全使用行人交通设施、时间上安全使用行人交通设施以及空间和时间上同时安全使用行人交通设施[43,44]。

空间上安全使用行人过街交通设施是指行人依照道路交通法律、法规使用行人过街横道、过街天桥和地下过街通道等空间行人过街交通设施。空间行人安全行为率是单位时间内，空间安全过街行人人数与总过街人数的无量纲比值，是判断空间行人交通设施设置、施划合理性，检验其有效性、安全性和便捷性的主要指标之一。

时间上安全使用行人过街交通设施是指行人遵守道路交通法律、法规，服从行人相位、信号指示过街。时间行人安全行为率是单位时间内，时间安全过街行人人数与总过街人数的无量纲比值，是判断交叉口和路段行人信号、相位、相序设置是否合理，能否正确反映机动车交通流状况（流量、到达规律、车速等）和行人交通特性（流量、到达规律、步速、年龄等）的指标之一。

空间-时间上同时安全使用行人过街交通设施是指行人穿越街道时，完全遵守相关法律、法规，使用行人过街设施，服从信号指示。

3. 与违法行为的定义比较

关于行人交通的研究,经常涉及两组概念:守法行为与违法行为;安全行为和不安全行为。

行人的不安全行为是指在过街过程中,曾经引起过事故或可能引起事故的人的行为,它们是造成事故的直接原因。安全行为则是那些不会引起事故的人的行为。安全行为与不安全行为是一个相对的概念,安全行为不是绝对的安全,只是发生事故的概率比较小;不安全行为也不是绝对的不安全,但是发生事故的概率比较大。

两组概念存在一定的关系。所有的违法过街行为都是不安全行为,并不是所有的不安全行为都是违法行为,如一边打手机一边过街。但是行人不安全行为主要指行人的出行行为违反有关道路交通安全法律、法规规定的误行为,是引发行人交通事故的主要原因,是违法行为。

3.4.2　实验原理和仪器

实验仪器选用加拿大 Thought 公司生产的五通道多参数生物反馈仪(图 3-7)采集行人过街时的生理参数。通过采集生理数据,分析行人在不同过街设施、不同道路交通环境情况下过街的生理反应以及过街行为产生和变化过程中的生理参数变化特性。

实验时,将传感器用绳轻绑在实验对象的食指上。由于仪器便携,对实验对象的步行行为无影响。

图 3-7　五通道生物反馈仪

心率采集系统主要有心率传感器、数据采集器、便携电脑以及数据线构成。心率传感器放大处理透射光信号,滤波取其中 100Hz 左右的信号,就可以计算出心率;数据采集器将传感器发来的模拟信号转变为数字信号传输到便携电脑中,通过电脑中的相关软件得到心率数据。

心率采集系统所用软件为 BioGraph Infiniti,该软件能够自动识别传感器,智能设定最佳采样频率,自动配置显示数据的表格、图标、仪器,并且具有强大的数据管理功能,实验结束后数据导出类型为 txt 格式。

3.4.3　实验方案设计

1. 实验对象

实验过程中,行人每次通过人行道、人行横道等设施都具有一定的独立性。共选取了 24 名受试行人,沿指定路线完成实验,实验时间覆盖了高峰和平峰时段。实验人员中,男性 13 人,女性 11 人;30 岁以下 20 人,31~40 岁 2 人,41~60 岁行人 2 人;从事的职业包括教师、工人、个体私营者和学生。

2. 实验过程

实验前让测试人员戴上生物反馈仪,调试仪器,并以图示方法告知测试人员需行走的路线(图 3-8、图 3-9)。具体路线为:从东南大学交通学院出发,沿进香河路往南行走,直行经过进香河路-学府路交叉口,至进香河诊所门前过街到世纪缘酒店门前,然后往北走回到进香河路-学府路交叉口,经过交叉口继续在进香河路行走,至榴园宾馆门前过街回到交通学院。路线总长 972m,总计途径 2 次信号控制交叉口,1 个路段触摸式人行信号灯,1 个无控制过街处,需耗时 14~18min。

图 3-8　仪器佩戴　　　　　　　　　　图 3-9　实验过程

另外,为准确、实时获取行人行走过程中的行为数据和道路交通状况,派专人在实验对象后面 15~25m 进行跟拍。为保证实验对象行为数据的真实性和可靠性,有专人专门跟拍的情况不告知实验对象。

3.4.4　预备实验

为保证实验进行的顺利和有效，首先选取一个实验对象进行了预备实验。实验完成后，使用 BioGraph Infiniti 软件输出其瞬时心率值如图 3-10 所示。

```
文件(F) 编辑(E) 格式(O) 查看(V) 帮助(H)
Export Channel Data with rate of 8 samples per second.

Client: Biofeedback ProComp5    Channel Set: P5 总通道之脑电生理信号.chs
Session Date: 2010-5-20         Session Time: 10:11:54
Start Time: 00:00:00.000                 End Time: 00:18:10.125

Time,B: BVP  Rate from Time Period
 ,2048
0.12500000000,0.000
0.25000000000,0.000
0.37500000000,0.000
0.50000000000,0.000
0.62500000000,0.000
0.75000000000,0.000
0.87500000000,0.000
1.00000000000,0.000
1.12500000000,0.000
1.25000000000,0.000
1.37500000000,68.648
1.50000000000,68.648
1.62500000000,68.648
1.75000000000,83.497
1.87500000000,83.497
2.00000000000,83.497
2.12500000000,83.497
2.25000000000,83.497
2.37500000000,83.497
2.50000000000,83.497
2.62500000000,83.497
2.75000000000,83.497
2.87500000000,83.497
3.00000000000,83.497
3.12500000000,64.154
3.25000000000,64.154
3.37500000000,64.154
3.50000000000,64.154
3.62500000000,64.154
3.75000000000,64.154
3.87500000000,64.154
4.00000000000,64.154
4.12500000000,64.154
4.25000000000,64.154
4.37500000000,50.756
```

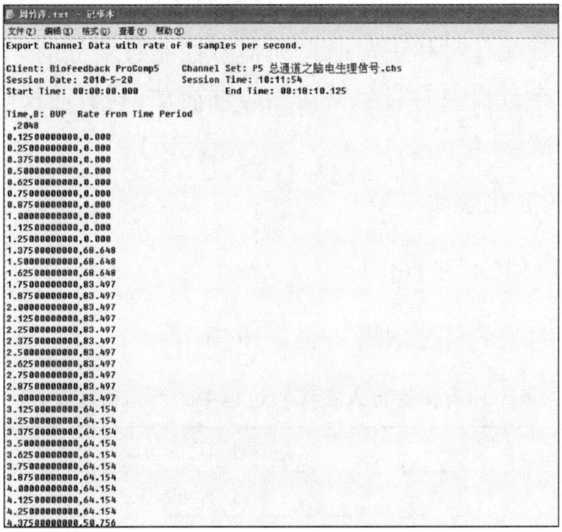

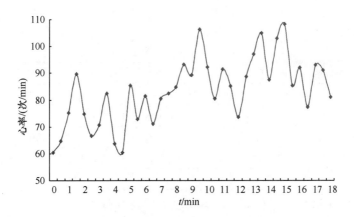

图 3-10　心率值输出数据

图 3-10 的输出为瞬时心率值数据，每秒输出 8 个，在实验过程中共产生 1000 多心率值数据。将数据导入 EXCEL 软件，进行探索分析，获取数据分布特征。为对比分析每个时间点心率值和行人行为的具体情况，将心率值数据每 30s 取平均，得到图 3-11。

图 3-11　每 30s 心率平均值平滑折线图

由图 3-11 可见,该行人的心率值存在两个高峰时段,分别是 9～10min 和 13～15min。观看调查录像,发现该行人在 9 分 37 秒至 46 秒期间闯红灯通过信号控制交叉口的半条人行横道,在 13 分 40 秒时到达无信号控制过街处,当时道路上存在连续车流,于是在机非隔离栏等待 10 秒通过,到达道路中央时对向有来车,又在中央分隔带等待了 6 秒再过街。因此,心率值的两个高峰时段分别是在行人闯红灯通过信号控制交叉口时和正常通过无信号控制过街处时。可见,心率值能较好地反映行人在行走过程中的安全感知和心理活动,真实地反映了其紧张、恐惧、兴奋等不同的内心活动。

3.4.5　心率参数的变化规律

1. 实验对象步行交通行为分析

统计所有实验对象的行为数据如表 3-10 所示。

表 3-10　实验行人在实验过程中的行为特征统计

过街地点	过街行为组成					
信号控制交叉口	过街是否守法					
	绿灯过街	先红灯后绿灯		先绿灯后红灯	完全红灯过街	
	64.6%	8.3%		20.8%	2.1%	
	等待时间					
	0～3s	4～6s	7～10s	11～15s	16～20s	21s+
	56.5%	4.3%	13.0%	10.9%	8.8%	6.5%
无信号控制路段过街处	过街行为					
	一次过街			二次过街		
	20.8%			79.2%		
	等待时间					
	0～3s	4～6s	7～10s	11～15s	16～20s	21s+
	32.3%	12.9%	22.6%	9.7%	16.1%	6.5%
触摸式路段行人过街信号	不同情况下的过街行为					
	信号灯没显示			信号灯有显示		
	直接通过	按灯后等待		闯红灯通过	绿灯时间通过	
	11.1%	27.8%		22.2%	38.9%	

注:在无信号路段过街处的若存在两次过街,则分两次等待时间统计。

从表 3-10 可知,在信号控制交叉口,所有实验对象的守法率为 64.6%。违法情况中较为普遍的是抢绿灯尾过街,导致过街过程中大部分时间处于红灯。另外,超过半数的人等待时间为 0～3s,这是因为在到达交叉口附近时,行人会预先观察行人信号,若是绿灯时间和红灯尾则加快速度,保证到达交叉口时能直接过街。在无信号控制路段过街处,因为车流量较大,大部分行人(79.2%)只能选择二次过街。等待时间的区间集中在 0～3s 和 7～10s。对于触摸式路段行人过街信号,存在不同的信号灯显示情况,在信号灯无数字显示时,大部分人能够按触摸式灯后通过,说明该种交通设施已被普遍接受。

2. 不同过街设施上的心率变化

在实验过程中,行人共需经过独立的人行道、信号控制交叉口人行横道、无信号控制人行横道、人非混行的人行道、触摸式路段过街行人信号等过街设施,如图 3-12 所示。

　　(a) 人行道　　　　　　(b) 信号控制交叉口人行横道　　　(c) 无信号控制人行横道

　　　　(d) 人非混行的人行道　　　　　　　　(e) 触摸式路段过街行人信号

图 3-12　实验过程中行人步行经过的行人设施

分析时,考虑行人遵守交通法规正常通过以上设施时的心率值,在此暂不分析闯红灯、不走人行横道等不安全过街情况。根据录像中实验行人经过以上设施的具体时间,提取该时间段的心率值数据,然后对所有实验行人进行平均,得出统计结果如表 3-11 所示。

表 3-11 不同行人设施上的行人平均心率值和心率增长率

	统计量	人行道	信号控制交叉口人行横道	无信号控制人行横道	人非混行的人行道	触摸式路段过街行人信号
心率值/(次/min)	均值	85.37	88.49	111.73	95.21	86.54
	中值	84.25	90.08	112.85	95.87	85.57
	方差	4.62	30.84	49.53	16.78	6.61
	标准差	2.15	5.55	7.04	4.09	2.57
心率增长率/%	均值	11.62	12.54	15.42	13.15	10.97
	中值	10.48	12.31	16.27	12.86	11.55
	方差	3.19	4.58	6.74	4.28	3.46
	标准差	1.79	2.14	2.59	2.07	1.86

对各种过街设施上的心率值和心率增长率进行单因素方差分析表明,不同设施上行人的心率值和心率增长率有显著差异($p_1 = 0.016 < 0.05$,$p_2 = 0.012 < 0.05$)。

由表 3-11 可见,心率增长率的变化趋势与平均心率值的变化趋势具有一致性,因此可以只重点分析平均心率值的变化。在无信号过街处行人的平均心率值最高,在独立的人行道上行走,行人的平均心率值最低。可见,在无信号过街处行人过街时,行人要仔细注意左右来车,精神高度紧张,感觉最不安全。在独立的人行道上步行时,外界影响较小,心情较为放松,平均心率值最低,感觉最安全。

值得关注的是,在信号控制交叉口过街时的平均心率值反而比在人非混行的人行道步行时更小。因为这部分数据来源于行人守法过街时,在信号灯为绿灯时行人过街较为舒心。而在人非混行的路段,电动自行车、自行车等对行人影响较大,造成其瞬时心率值波动较多、平均心率值也较大。

3. 不同群体的平均心率值

对所有实验对象的心率值,按照性别分组,对不同性别组的心率值进行单因素方差分析,发现不同组别的心率值并无显著差异性($p = 0.34 > 0.05$),因此性别因素对过街交通活动中的行人心率值并无影响。

为了解不同性别行人在不同设施上的心率情况,按照不同设施统计男、女行人的心率值如表 3-12 所示。

表 3-12　不同性别行人在各行人设施上的平均心率值

（单位：次/min）

	统计量	人行道	信号控制交叉口人行横道	无信号控制人行横道	人非混行的人行道	触摸式路段过街行人信号
男性	均值	82.85	87.60	108.83	97.43	87.32
	标准差	2.04	4.25	9.54	8.35	4.75
女性	均值	88.35	89.54	115.16	92.59	85.62
	标准差	4.13	7.83	12.87	3.76	2.18

从表 3-12 数据可知,女性在信号控制交叉口和无信号控制路段的心率值较男性高,这是因为在上述地点,女性(特别是中年女性)在过街交通中表现得更为急躁,更倾向于闯红灯,在等待过程中一直期望寻求可穿越间隙强行穿越。

4. 不同行为情况下的心率变化

对信号交叉口的行人心率数据进行分析时,发现心率突然升高的情况普遍发生在闯红灯(平均心率值为 107.8 次/min)和绿灯过街被对向左转车冲突时(平均心率值为 115.8 次/min)。说明在这两种情况下,行人感觉很不安全。可见,闯红灯时行人虽然感知了危险,但是仍将省时方便等因素放在主要位置考虑而选择闯红灯。

在人非混行的人行道上,心率数据的峰值出现在被电动自行车快速超过和被路边停车鸣笛干扰的情况下。电动自行车的存在较大地干扰了行人的步行行为,因为其不仅速度较快,而且经常按喇叭,声音刺耳,影响行人的情绪,使行人紧张、恐惧。因此,如果设施条件允许的话,尽量将人行道和非机动车道分开,并且最好用分隔带或护栏等硬隔离装置隔开,从而减少非机动车尤其是电动自行车对行人的干扰。

在无信号控制路段,行人的心率变化与路段来车的速度呈明显的正相关关系,也和行人自身在路侧等待的时间有一定的相关性。

在人行道上,行人边打手机边行走或者边与朋友交谈边行走时比正常行走时心率值要高。可见,注意力不够集中时,容易心率升高。

5. 信号控制交叉口不同等待时间下的心率变化

将实验对象的等待时间划分为以下 6 个区间:0~3s、4~6s、7~10s、11~15s、16~20s、21s+。分别统计在各区间内等待过程中的平均心率值,如表 3-13所示。

表 3-13　行人在不同等待时间区间的心率情况

（单位：次/min）

等待时间区间	0～3s	4～6s	7～10s	11～15s	16～20s	21s+
均值	100.53	88.69	80.28	92.14	95.79	105.08
标准差	6.79	12.94	7.70	6.78	6.23	9.37

由表 3-13 可知，行人在等待时间区间为 21s 以上时，平均心率值最高，精神较为紧张，心情很焦急。在 7～10s 区间时，平均心率值最低，说明在该区间行人大部分是较为坦然地在等待，等待至绿灯过街，心情比较平静。在等待时间为 0～3s 时，行人的平均心率值也较高，因为在等待时间 3s 以内的情况下，行人都是集中注意力关注着信号的显示数字，在很短的时间内停留然后过街，整个过程基本处于运动中。

选取等待时间为 3s、6s、10s、15s、20s、25s 的变化趋势分析行人在等待过程中的心理变化。

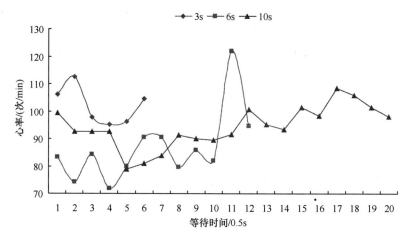

图 3-13　等待时间为 3s、6s、10s 时的心率变化过程

如图 3-13 所示，与 3s 和 6s 相比，可以明显看出 10s 等待时间过程中，行人的心率的变化幅度较小，整个过程较为平静。

如图 3-14 所示，从等待时间 20s 的趋势图可看出，行人在 10～11s 时有一个峰值，在该时刻行人有一个明显的试图强行穿越的意向。说明等待时间在 20s 时，行人有不耐烦情绪，非常想寻求可穿越间隙强行过街。从 25s 的趋势图可看出，曲线后半段是处于逐步上升的趋势，即说明行人的心理负担在增大。

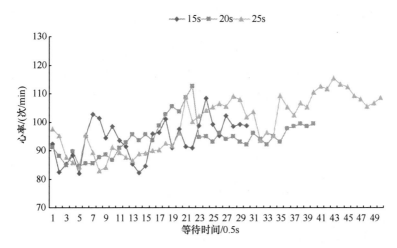

图 3-14　等待时间为 15s、20s、25s 时的心率变化过程

3.4.6　实验结论

（1）心率值能较好地反映行人在行走过程中的安全感知和心理活动,真实地反映其在不同行为特征下的紧张、恐惧、兴奋等内心活动。

（2）对不同过街设施的心率值分析发现,在独立的人行道上行走行人感觉最安全,在无信号控制路段过街时感觉最不安全。

（3）男性和女性在过街行为中的心率值并无显著差异,但是按照不同设施统计的心率值数据表明,女性在信号控制交叉口和无信号控制过街路段的表现更为急躁,更倾向于闯红灯。

（4）闯红灯时,行人心情紧张,心率值较高;被外界干扰时,心率值也升高。如电动自行车对行人过街行为影响很大,如果设施条件允许的话,尽量将人行道和非机动车道分开,并且最好用分隔带或护栏等硬隔离装置隔开,从而减少非机动车尤其是电动自行车对行人的干扰。

（5）等待时间超过 20s 时,行人的不耐烦情绪是普遍现象。在条件允许的情况下,尽量不要使行人红灯时间太长。

3.5　行人不安全交通行为的社会心理学模型

3.5.1　基本原理和方法

1. 计划行为理论

Fishbein 和 Adzen 在 1975 年提出了理性行为理论(theory of reasoned action,TRA):对特定行为的态度和主观规范两者结合起来决定行为意向,而行为意向导致有意志力的行为[45]。在此基础上，Ajzen 在 1990 年提出了计划行为理论（theory of planned behavior，TPB）。他认为人不总是理性地分析，进而形成行为意图，才决定用最好的行为。多数时候，人们依靠其自动激活的态度或信息在头脑中的组织形式，以及外部资源、机遇以及内部的情绪去决定其行为[46]。因此在理论框架中又加上了"知觉行为控制"这个影响因素。如果用回归的数学形式表现，则表现为以下形式：

$$BI = w_1 AB + w_2 SN + w_3 PBC$$
$$B = w_4 BI + w_5 PBC$$

(3-2)

式中：w_1、w_2、w_3、w_4、w_5——回归系数；

　　AB(attitude toward the behavior)——态度；

　　SN(subjective norm)——主观规范；

　　BI(behavior intention)——行为意向；

　　B(behavior)——行为；

　　PBC(perceived behavior control)——知觉行为控制。

根据上述思路，可将 TPB 理论的模型框架表示为图 3-15 所示。

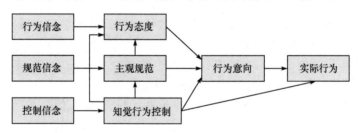

图 3-15　TPB 理论的模型框架图

目前，TPB 理论是社会心理学中发展比较成熟并且很有影响力的理论，是解释态度、主观规范和知觉行为控制等是如何共同作用于人的行为意向，进而作用于实际行为的过程。在国外，TPB 理论已被广泛地应用于医疗与健康行为、运动及休闲行为、社会与学习行为等[47]。

2. 结构方程模型

结构方程模型(structure equation modeling)是研究社会、自然现象因果关系的统计方法，它基于变量协方差矩阵来分析变量之间关系。很多社会、心理研究涉及的变量，都不能准确、直接地测量，这种变量称为潜变量。结构方程模型是一个包含面很广的数学模型，可以描述一些涉及潜变量的复杂关系。结构方程经常用以比较不同的模型，将同一组数据用不同的模型去拟合，通过分析拟合系数检验不同模型的拟合程度。

结构方程可以分为测量方程(measurement equation)和结构方程(structural

equation)两部分,测量方程描述潜变量与指标之间的关系,结构方程描述潜变量之间的关系。指标含有随机误差和系统误差,潜变量不含这些误差。

结构方程相比其他的统计方法优点突出。它可以同时考虑并处理多个因变量,而在回归分析和路径分析中计算的回归系数和路径系数是对每一个因变量逐一计算。态度、行为等变量往往含有误差,结构方程容许自变量和因变量均含测量误差。结构方程可以同时估计因子结构和因子关系,同一个研究中共存的因子及其结构会互相影响,不仅影响因子关系,也影响因子内部结构。结构方程模型相比其他统计分析方法容许更大弹性的测量模型,除了估计参数外,还可以计算不同模型对同一个样本数据的整体拟合程度,从而判断哪个模型更接近数据所呈现的关系。

结构方程可以解决的问题很多,除了 t 检验、方差分析、回归分析、验证性因子分析和探索性因子分析,还可以处理复杂的社会、心理学模型。结构方程不但适用于调查类研究,而且对分析实验类设计也很有帮助。

3.5.2　基于 TPB 理论的问卷调查

本次研究采用网上匿名问卷的调查方法,共有 1050 人填写了调查问卷。其中,有效问卷 926 份,有效回收率为 88.2%。

根据 Ajzen 设计的计划行为理论问卷模式,问卷调查表采用 Likert 五分制,1~2分表示低倾向,3 分表示一般,4~5 分表示高倾向。

问卷共分 6 个维度:

(1) 被测者的人口统计学属性,包括年龄、性别、学历、年收入、家庭情况和事故情况等。调查对象基本信息统计结果如表 3-14 所示。

表 3-14　问卷调查对象基本信息统计结果

基本信息	统计结果/%			
性别	男	65	女	35
年龄	18 岁以下	2	18~25 岁	25
	26~30 岁	38	31~35 岁	19
	36~40 岁	10	41~50 岁	3
	51~56	1	56 岁以上	2
职业	工人	3	公司管理人员	13
	公司职员	41	公务员	8
	老师	9	学生	14
	其他	12	—	—
学历	初中或以下	1	大专或本科	75
	硕士或以上	19	中专或高中	5

续表

基本信息	统计结果/%			
年收入	2 万以下	29	2～5 万	40
	5～8 万	19	8 万以上	12
婚姻状况	未婚	47	已婚	53
是否有小孩	没有	64	有	36
是否有 60 岁以上的老人	没有	28	有	72

（2）关于行人的不安全行为（vb）的调查，共设计了 6 项，每个项目列举一种不安全行为，如"为了方便或节省时间，您会在红灯期间穿越交叉口"、"您会一边打电话一边通过交叉口"等。

（3）关于不安全行为意向（BI）的调查，共设计了 6 项，如"在以后，如果没有来往车辆，我会在红灯期间穿越交叉口"（非常危险～非常安全）等。

（4）关于态度（AB）的调查，共设计了 14 项，如"比较方便"、"可能会发生交通事故"等，主要测试人们对于不安全行为的信念强度（strength of belief, b）和结果评估（evaluation, e）。用函数式表示为

$$AB \propto \sum_{i=1}^{n} b_i e_i \tag{3-3}$$

（5）关于主观规范（SN）的调查，共设计了 18 项，如"家人劝你不要参与不安全行为，你是否同意他们的意见"、"家人的意见是否会影响你的行为"等，主要测试人们对于不安全行为的规范信念（normative belief, n）和顺从动机（motivation to comply, m）。用函数式表示为

$$SN \propto \sum_{j=1}^{m} n_j m_j \tag{3-4}$$

（6）关于知觉行为控制（PBC）的调查，共设计了 5 项，如"既然别人都闯红灯，我闯也没关系"（非常不可能／非常可能）等，主要测试人们对于不安全行为的控制信念（control beliefs, c）和知觉强度（perceived power, p）。用函数式表示为

$$PBC \propto \sum_{k=1}^{K} c_k p_k \tag{3-5}$$

3.5.3　结果与分析

运用 SPSS17.0 软件对初始调查问卷进行分析，得到各个指标的相关矩阵；根据相关矩阵，运用 LISREL 软件进行结构方程建模，并编写程序；运行程序得到模型的参数和各种重要拟合指数（图 3-16）：

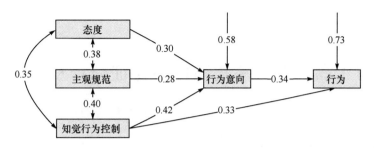

图 3-16　行人不安全交通行为结构路径图

$$BI = (0.30)AB + (0.28)SN + (0.22)PBC \tag{3-6}$$
$$VB = (0.34)BI + (0.33)PBC \tag{3-7}$$

公式中各参数的变量含义同式(3-2)。另外,该模型的拟合指数分别是:
自由度=20;RMSEA=0.08;NNFI=0.92;CFI=0.89;
GFI=0.93;AGFI=0.93;RMR=0.061

可见拟合系数良好,研究假设成立。说明行人对不安全行为的态度、主观规范和知觉行为控制可以通过不安全行为意向的中介对不安全行为的发生产生预判,同时知觉行为控制不但可以判断行人的行为意向,还可以直接预测行为。

行为意向对行人不安全交通行为的产生有显著影响且为正相关。从图 3-16 可看出,知觉行为控制是影响不安全行为最重要的因子,其路径系数为 0.42。研究表明,当行人在不同的控制因素(如自身、环境、他人)下能够正确意识到步行交通行为的危险性,并能客观地评价自身的步行通过能力,那么在步行过程中发生不安全行为的可能性就越小。

另外,态度是影响行人不安全行为意向的最重要因子,其路径系数为 0.30,说明人们对于不安全行为意向很大程度上取决于其态度。态度、知觉行为控制和控制信念均对不安全行为意向有显著影响且正相关,说明正向提高这 3 个因子能直接影响到行为意向,从而间接影响行为。

第4章 自行车交通行为特征分析及建模

4.1 自行车交通行为特征分析

4.1.1 自行车骑行者心理特征

1. 骑行者心理过程

骑车者心理过程如图 4-1 所示。首先,骑车者通过感知器官,主要是眼睛和耳朵将外部的环境信息输入到大脑中枢神经系统,大脑中枢神经系统通过一定的信息处理过程,将骑行为通过身体运动器官——手、脚、臀部等,控制自行车的车把、脚蹬和鞍座来控制自行车的运动(加速、减速、转弯等);而自行车的运动又改变和影响外部的环境信息[48,49]。

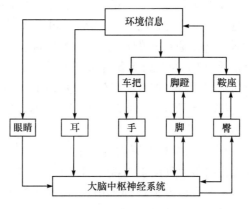

图 4-1 骑行者心理过程

2. 骑行者心理特征

1) 惧怕心理

骑行者惧怕机动车,尤其是大型机动车。原因之一,骑行者既无驾驶室,也无座舱,无论在生理方面还是在心理方面,都受到外界环境的直接影响和干扰,自身的安全得不到有效防护,是道路交通的弱者。原因之二,自行车具有不稳定性,机动车可以随意停住,而自行车一停则倒。

2) 超越心理

骑行者无论为任何目的而出行,省时、快捷地到达目的地是他们普遍的心理需要。自行车轻便、灵活,能连续行驶而不需要换乘,因此,人们乐于使用自行车,但超越心理表现明显。有人骑行时,低头用脚猛蹬,逢空就穿,见慢就超,有缝就挤。曲线行驶,有人明知机动车已到身旁,也敢冒险超越,甚至逼迫驾驶员急刹车避让。这样的快速超越行驶,在我国城市的交叉口尤其是无信号交叉口很普遍,恶化交叉口交通环境,降低通行能力,且极易诱发事故。

3）离散心理

有些骑行者为提高舒适性和服务水平,或是自觉车技不如人(或相反,对车技比较自信),不愿意和其他骑车人离得太近,往往通过减速或加速行驶离开自行车群或队列,致使自行车在道路上行驶时的分布状况具有离散分布特点。

4）从众心理

那种认为只有自己的行为与多数人一致时,心理才感到安稳,否则就觉得孤立的心理,在社会心理学中被称之为社会从众心理。在道路交通中常会看到,只要有一个人违章强行横穿抄近路而又无人制止,跟着就会有一群骑行者受诱导一拥而上,随后人数越来越多。这种现象不仅会造成交通秩序混乱,容易引起机动车辆阻塞,而且往往诱发交通事故。

5）习惯心理

人对不断重复的行为往往会形成习惯。从人的生理机制上看,习惯是行为与一定情况之间建立的暂时神经联系。这种联系既可以在大脑皮层优势兴奋区形成,也可以在大脑皮层相对抑制区形成。因此,习惯行为可以是主动的,也可以是无意识的。另外,人的习惯又有好坏之分。在自行车骑行者中间,具有好习惯的人,无论何时何地,在任何情况下都能自觉遵守交通法规,一看到道路上有快、慢车道就自觉地进入慢车道骑行。具有不良习惯的人在骑行中随心所欲,我行我素,安全意识淡薄。

4.1.2　自行车骑行者生理特征

1. 视觉特性

1）人眼结构

眼睛是自行车骑行者骑行过程中最重要的生理器官,视觉提供给骑行者约85％的交通信息。因此,骑行者的视觉技能直接影响到信息获取和骑车安全。人眼的基本结构如图 4-2 所示。

人眼眼球的外壳包括三层膜。最外层呈白色,由蛋白质构成,是起保护作用的巩视膜,该层前 1/6 的球面是角膜,呈透明装。中间层是脉络膜,有丰富的血管和色素组织,主要是营养机能,该层前面有环状虹膜,虹膜中央为瞳孔。最里层是视网膜,视网膜层的棒体细胞和锥体细胞是视觉的感受器,它们与双极细胞形成突触联系,视网膜的神经节细胞组成视神经。

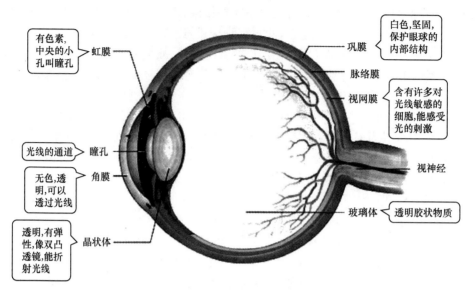

图 4-2　人眼的基本构造

2) 视敏度

视敏度是指分辨物体细节和轮廓的能力,是人眼分辨物体的最小维度。这里所提的分辨能力是以视角来衡量的。视角是指目标对眼睛所形成的张角,视角的大小决定目标在视网膜上投射的大小[50],人眼能分辨物体的视角越小则视敏度越高。图 4-3 是视角和网膜影像的关系图。

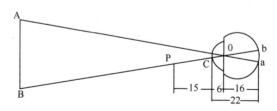

图 4-3　视角、网膜影像关系图

视敏度是用来评价自行车骑行者视觉优劣的一个重要指标。良好的视敏度可以提前辨别道路交通情况,为接下来的操作预留足够的时间。视敏度一般是以视角的倒数来表示,其公式为

$$V = 1/\alpha$$

式中:V——视敏度;

α——视角。

3) 动视力

骑行者在骑行过程中的视力是动视力。在一般情况下,动视力比静视力低

10%～20%。动视力随着行车速度的加快而下降,骑车速度越快,动视力就越差。动视力还受光照、亮度等因素的影响[51]。

同时研究还发现,目标的不同运动方式对动视力的影响也不尽相同,纵向运动的目标会使动视力下降较快,而横向运动的目标会使动视力下降较慢。

不同年龄的人的动视力也是不同的,一般来说年龄越大,动视力下降越多。

4) 视野

一般视野分为静视野和动视野。静视野是指在静止的状态下,人体头部保持不动,两眼注视前方时,眼睛两侧可以看到的范围。动视野是指人体头部保持不动,但是眼球可以转动时,所能看到的范围。通常,正常人双眼同时注视同一目标时,视野大约有 120° 是重叠的,双眼视野比单眼视野的范围大。正常人的视野大约每只眼睛上下(垂直视野)达 135°～140°,左右(水平视野)达 150°～160°,双眼视野约为 180°。动视野比静视野大,左右宽约 15°,上下宽约 10°。在骑行的过程中可以用眼动仪来测定人眼的视野,如果被测者的视野过小,则不利于骑车安全。

2. 反应特性

反应是由外界因素的刺激而产生的知觉-行为过程。它包括骑行者从视觉产生认识后,将信息传到大脑知觉中枢,经判断,再由运动中枢给手脚发出命令,开始动作。知觉-反应时间是控制自行车骑行的最重要的因素。

反应时间的长短取决于骑行者的素质、性别、年龄、环境等因素。

3. 平衡特性

自行车的驱动、速度、平衡等完全由骑行者来控制。人在生理正常的情况下,体力的大小因人而异,不同性别、不同年龄、不同体格的人的体力情况都不同。一般认为老人、妇女、儿童蹬车的平衡性较差,较易摔倒;青壮年男子的平衡性较好。故在骑行过程中,老人、妇女、儿童停车的频率一般较高[52]。

4. 疲劳特性

在骑车过程中,由于长时间骑行、上下坡或者逆风骑行等,人容易产生疲劳。骑车疲劳主要是指在骑行过程中,大腿肌肉、腰椎、中枢神经疲劳,腿部、臀部疼痛、腰部酸痛,自感精神不足、力气不佳,产生厌倦情绪。此时,自行车的车速将会下降。一般来说,老人、妇女、儿童在骑行过程中较易疲劳,故车速较青年男子低。

4.1.3 自行车骑行者行为特征

自行车骑行者行为特征是指由于自行车工具本身的构造特点而产生的,与宏观的交通流量大小无直接关系的,体现在骑行过程中的个体特征。

自行车骑行者主要有以下基本特征：

1. 不稳定性

自行车是一种慢速交通工具，自行车轮胎与地面接触面积小，它是一种不稳定的交通工具。自行车在运行时靠车把和骑车人本人身体重心左右移动来控制方向，所以在道路上的轨迹为蛇形。

2. 横向压力

骑车人在心理上受到来自机动车的心理横向压力。这种心理横向压力和自行车与机动车横向的距离成反比：自行车与机动车横向距离越小，这种压力就越大，骑车人就越感到受威胁和不安全；相距越远，压力就越小，骑车人也就感到安全。在横向距离一定的情况下，机动车的车速越高，车体越大，骑车人心理横向压力也感到越大。

3. 出行距离短

自行车行进的动力由人体发出，所以自行车不宜于远程交通。自行车出行时距大多数不超过50min，且在30min时间内以自行车方式出行为多。

4. 启动快

与机动车相比，自行车启动快。在信号交叉口，自行车的启动一般比机动车快。根据中国学者做的实验，自行车在交叉口启动比机动车提早一秒钟以上[54,55]。

5. 成群性

自行车不像机动车那样严格保持一定间距，按照车道直线地呈队列行进，而是成群成团前进，不愿减速，更不愿停下来。

6. 分散性

与成群性相反，有些骑行者不愿在陌生人群中骑行，也不愿紧紧尾随别人之后，往往冲到前面个人单行，或滞后一段单行，女性尤为显著。

7. 灵活性

与机动车相比，自行车是一种机动性和灵活性都很强的工具，易于转向、加速或减速，在机非混行的时候，如果机动车速度较低，骑行者可以在机动车的间隔中"穿行"。

4.1.4　自行车骑行者交通行为及其心理调查

1. 调查对象

针对我国自行车骑行者的心理特征,设计网上匿名问卷调查。收到有效问卷
556 份,有效回收率为 86%。

2. 问卷统计性描述

1) 车铃状况

在是否安装车铃的问题上,没有的为 156 人,有但是坏了的为 73 人,有且正常
使用的为 327 人(图 4-4)。

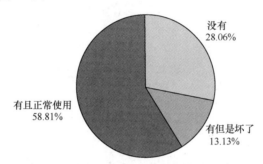

图 4-4　被调查人员自行车车铃状况

2) 车铃使用状况

在是否经常使用车铃的问题上,经常使用的为 157 人,偶尔使用的为 191 人,
一般不使用的为 77 人,几乎不使用的为 131 人(图 4-5)。

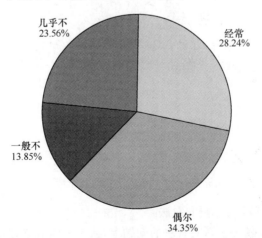

图 4-5　被调查人员自行车车铃使用状况

3）刹车有效性检查

在检查自行车刹车有效性的问题上，经常检查的为 372 人，偶尔检查的为 139 人，一般不检查的为 40 人，几乎不检查的为 57 人（图 4-6）。

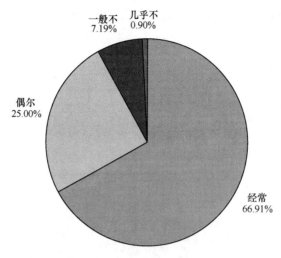

图 4-6　被调查人员自行车刹车有效性检查情况

4）夜间骑车情况

在夜间骑车的问题上，经常骑的为 122 人，偶尔骑的为 276 人，一般不骑的为 111 人，几乎不骑的 47 为人（图 4-7）。

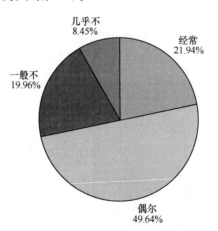

图 4-7　被调查人员夜间骑车情况

5）对于儿童佩戴安全帽的看法

在对于儿童佩戴安全帽的看法的问题上，认为非常有必要的为 177 人，认为很有必要的为 272 人，认为无所谓的为 75 人，认为没有必要的为 26 人，认为根本没有必要的为 6 人(图 4-8)。

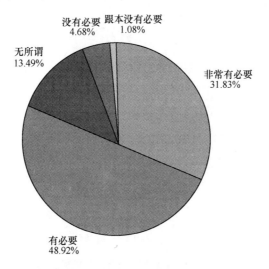

图 4-8　被调查人员对于儿童佩戴安全帽的看法

6) 对于周围交通环境的看法

分 3 方面:对于交通秩序的看法、对于道路基础设施的看法、对于骑车安全性的看法,结果如图 4-9~图 4-11 所示。

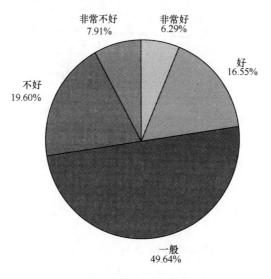

图 4-9　被调查人员对于周围交通环境的看法

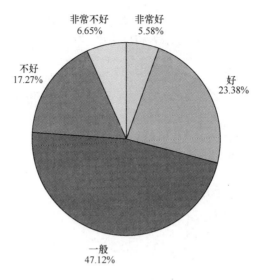

图 4-10　被调查人员对于道理基础设施的看法

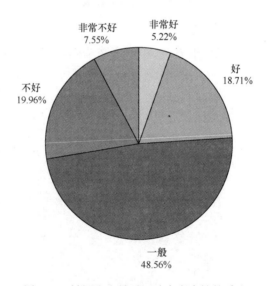

图 4-11　被调查人员对于骑车安全性的看法

3. 个人属性对不安全行为的影响分析

本次调查自行车骑行者信息有年龄、性别、收入、学历等,利用 SPSS17.0 对被测者的不安全行为进行差异分析。

1) 年龄差异分析

通过方差分析(表 4-1),不安全行为 5 个因子中的"漠视他人"在年龄上有显著差异($F=4.59$,$p<0.05$),从表中可以发现年龄介于 18～40 岁之间的青年人易于漠视他人。同时在各项因子平均值上,青年和少年(年龄小于 40 岁)得分偏高,为"危险人群"。

表 4-1　不同年龄自行车骑行者不安全行为的方差分析

维度	年龄					F 值	p
	18 岁以下	18～30 岁	31～40 岁	41～50 岁	50 岁以上		
空间侵占	2.7±0.66	2.98±0.06	3.03±0.09	2.51±0.16	2.33±0.24	3.41	0.09
出行轻视	2.2±0.88	2.45±0.05	2.39±0.08	2.20±0.15	1.68±0.11	3.59	0.07
强行前进	2.5±0.87	2.41±0.07	2.44±0.10	2.14±0.18	1.89±0.21	1.41	0.23
漠视他人	2.1±0.82	2.63±0.05	2.57±0.08	2.30±0.14	1.83±0.14	4.59	0.01
高速骑车	2.9±0.96	2.46±0.06	2.44±0.09	1.87±0.17	1.95±0.19	3.43	0.09

2) 性别差异分析

通过 t 检验(表 4-2),在"空间侵占"、"出行轻视"和"高速骑车"3 个因子上,两性存在显著差异,男性表现出更易参与不安全行为,故在性别方面,男性为"危险人群"。

表 4-2　不同性别自行车骑行者不安全行为的 t 检验

维度	性别		t 值
	男	女	
空间侵占	3.02±0.06	2.77±0.08	2.61**
出行轻视	2.49±0.05	2.20±0.07	3.41*
强行前进	2.49±0.06	2.18±0.09	2.85
漠视他人	2.65±0.05	2.41±0.07	2.83
高速骑车	2.58±0.06	2.08±0.07	5.02**

** $p<0.01$, * $p<0.05$

3) 收入差异分析

通过方差分析(表 4-3),"高速骑车"这个因子有显著差异($F=0.69$,$p=0.04$),从表中可以看出收入在 8 万以上的人群易于高速骑车,这可能与其较快的生活节奏有关。在收入方面,高收入人群是"危险人群"。

表 4-3　不同收入自行车骑行者不安全行为的方差分析

维度	收入				F 值	p
	<2 万	2~5 万	5~8 万	8 万以上		
空间侵占	3.01±0.08	2.88±0.07	2.90±0.10	2.88±0.27	0.57	0.64
出行轻视	2.48±0.08	2.39±0.06	2.25±0.09	2.05±0.19	2.00	0.12
强行前进	2.41±0.10	2.37±0.07	2.36±0.13	2.36±0.28	0.05	0.98
漠视他人	2.65±0.07	2.55±0.06	2.41±0.10	2.44±0.24	1.33	0.26
高速骑车	2.41±0.09	2.34±0.07	2.53±0.12	2.73±0.22	0.69	0.04

4) 学历差异分析

在各项因子上都不存在显著差异(表 4-4),由此可见,不安全骑行行为在学历上不存在显著差异,也就是说学历不是影响安全骑行行为的因素。

表 4-4　不同学历自行车骑行者不安全行为的方差分析

维度	学历				F 值	p
	初中或以下	中专或高中	大专或本科	硕士或以上		
空间侵占	2.67±0.43	2.86±0.13	2.93±0.05	2.98±0.15	0.29	0.83
出行轻视	2.02±0.31	2.47±0.13	2.38±0.05	2.31±0.13	0.66	0.58
强行前进	2.17±0.42	2.39±0.15	2.38±0.06	2.38±0.16	0.10	0.96
漠视他人	2.01±0.30	2.46±0.11	2.59±0.05	2.53±0.13	1.37	0.25
高速骑车	1.67±0.29	2.30±0.13	2.42±0.06	2.39±0.05	1.46	0.23

5) 家庭情况

通过方差分析(表 4-5),"高速骑车"这个因子有显著差异($F = 3.71$, $p = 0.03$),从表 4-5 中可以看出单身的公民易于高速行车,这可能与其在处事时缺少家庭顾虑有关。在家庭情况方面,单身人群为"危险人群"。

表 4-5　不同家庭情况自行车骑行者不安全行为的方差分析

维度	家庭情况			F 值	p
	单身	结婚(无子女)	结婚(有子女)		
空间侵占	2.95±0.07	2.91±0.08	2.90±0.11	0.10	0.91
出行轻视	2.46±0.06	2.38±0.07	2.20±0.09	2.38	0.09
强行前进	2.44±0.08	2.41±0.09	2.17±0.11	1.57	0.21
漠视他人	2.63±0.06	2.48±0.07	2.54±0.10	1.49	0.23
高速骑车	2.42±0.06	2.30±0.13	1.67±0.29	3.71	0.03

6) 事故情况

通过 t 检验(表 4-6),发现发生过交通事故的人群相对于未发生过交通事故的人群得分偏高,且多项存在显著差异,说明其交通安全意识相对薄弱,易产生交通事故。

表 4-6 不同事故情况下自行车骑行者不安全行为的 t 检验

维度	事故情况(自行车-非机动车)		t 值
	未发生过	发生过	
空间侵占	2.85±0.06	3.15±0.09	2.79*
出行轻视	2.33±0.05	2.53±0.08	2.07*
强行前进	2.24±0.06	2.78±0.09	4.54**
漠视他人	2.47±0.05	2.81±0.07	3.82**
高速骑车	2.31±0.06	2.65±0.09	3.09*
维度	事故情况(自行车-机动车)		t 值
	未发生过	发生过	
空间侵占	2.87±0.05	3.32±0.13	2.95*
出行轻视	2.38±0.04	2.39±0.12	1.72
强行前进	2.34±0.05	2.69±0.17	2.10*
漠视他人	2.53±0.04	2.71±0.11	1.38
高速骑车	2.36±0.05	2.68±0.15	2.60*

$** p < 0.01, * p < 0.05$

4.2 基于 TPB 的自行车骑行者不安全行为模型

自行车骑行者的不安全行为主要是指骑行者在骑行过程中有可能对自身和他人造成人身和财产伤害的行为。不安全行为的危害极大,与自行车有关的事故在整个道路交通事故中占有相当比重[56]。为揭示自行车骑行者对不安全行为的态度影响其行为的作用机理,本书主要以社会心理学中的态度理论之一——计划行为理论作为研究工具,分析骑行者参与不安全行为的机理,并通过增加行为经验变量,提高研究精度[57,58]。最后,通过结构方程模型和社会统计学分析,在剖析不安全行为机理的基础上提出对应的矫正策略[59]。

4.2.1 模型原理及建模过程

1. TPB 模型改进

在计划行为理论的完善过程中,Conner 和 Armitage 通过元分析研究发现行为经验与行为意向和行为有着直接关系[60]。Ajzen 等也认为增加一些新的变量可以提高理论的解释力[61]。

基于前述理论,本次研究探索性地在计划行为理论经典模型中加入行为经验这一新的心理因素。所建立的改进模型如图 4-12 所示。心理因素如行为态度、主观规范等既相互独立,又两两相关,共同对行为意向产生作用,从而促使行为的产生。同时,知觉行为控制和行为经验还对行为本身有着直接的作用。

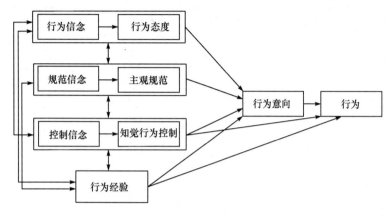

图 4-12   改进模型示意图

2. 模型建立

根据计划行为理论的基本观点,本次研究认为自行车骑行者对于不安全行为的态度、主观规范、知觉行为控制[62]、行为经验影响着骑行者参与不安全行为的意向,并由行为意向最终导致骑行者的不安全行为。不安全行为模型示意图如图 4-13 所示。

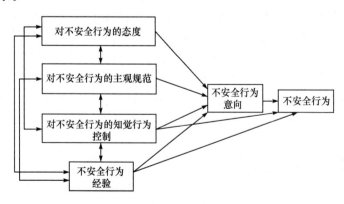

图 4-13   不安全行为模型示意图

4.2.2 面向建模的问卷调查和分析

1. 问卷设计

根据 Ajzen 设计的计划行为理论问卷模式,问卷调查表采用李克特五分制,1~2分表示低倾向,3分表示一般,4~5分表示高倾向。

问卷共分七个维度:

(1) 被测者的人口统计学项目,包括年龄、性别、学历、年收入、家庭情况和事故情况等。共调查 556 人,其中男性 357 人,女性 199 人。

(2) 关于自行车的不安全行为(vb)的调查,共设计了 15 项,每个项目列举一种不安全行为,如"在机动车道行驶"、"违反交通信号"等,这些行为分别代表空间侵占、出行轻视、强行前进、漠视他人、高速行车等五个因素。

(3) 关于不安全行为意向(BI)的调查,共设计了 15 项,如"您是否认为在机动车道上骑行时安全的?"(非常危险~非常安全)等。

(4) 关于态度(AB)的调查,共设计了 8 项,如"比较方便"、"会被处罚"等,主要测试人们对于不安全行为的信念强度(strength of belief,b)和结果评估(evaluation,e),从而调查其态度。用函数式表示为

$$AB \propto \sum_{i=1}^{n} b_i e_i \qquad (4\text{-}8)$$

(5) 关于主观规范(SN)的调查,共设计了 7 项,如"家人劝你不要参与不安全行为,你是否同意他们的意见"、"家人的意见是否会影响你的行为"等,主要测试人们对于不安全行为的规范信念(normative belief,n)和顺从动机(motivation to comply,m),从而调查其主观规范。用函数式表示为

$$SN \propto \sum_{j=1}^{m} n_j m_j \qquad (4\text{-}9)$$

(6) 关于知觉行为控制(PBC)的调查,共设计了 15 项,如"为了赶时间,我会快速穿越交叉口"(非常不可能/非常可能)等,主要测试人们对于不安全行为的控制信念(control beliefs,c)和知觉强度(perceived power,p),从而调查其知觉行为控制。用函数式表示为

$$PBC \propto \sum_{k=1}^{K} c_k p_k \qquad (4\text{-}10)$$

(7) 关于行为经验(experience of behavior,EB)的调查,共设计了 15 项,主要调查测试者的行为经验对其今后的行为的影响。

2. 分析方法

借助 LISREL 和 SPSS17.0 软件对调查数据进行结构方程建模,主要分析自

行车骑行者心理因素对其行为的影响程度和不同社会群体的行为差异。

3. 结构方程模型构建与验证

根据计划行为理论模型,自行车骑行者的态度、主观标准、知觉行为控制和行为经验能够预测骑行者的行为。在分析过程中应用结构方程模型进行分析,其优点在于能够在建模的同时描述出模型拟合的程度。

根据问卷调查数据整理,得出模型中各部分的观察变量的数值,从而建立自行车不安全行为结构路径图。在结构路径图中不同的图标代表不同的含义,椭圆代表潜在变量或因子;长方形代表观测变量或因子;单向箭头表示表示单向影响/效应;双向弧形箭头表达相关。构建的模型使用结构方程软件 LISREL 进行验证,如图 4-14 所示。

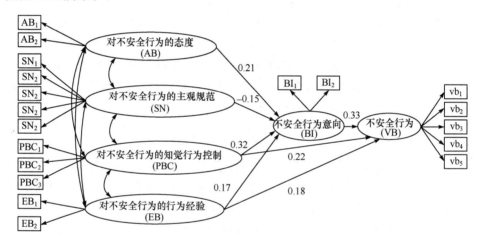

图 4-14　自行车不安全行为结构路径图

$$BI=(0.21)AB+(-0.15)SN+(0.32)PBC+(0.17)EB$$
$$VB=(0.33)BI+(0.22)PBC+(0.18)EB$$

该模型的拟合指数分别是:

$x^2=1255, \mathrm{d}f=459, \mathrm{NCI}=2.734, \mathrm{P}=0.940, \mathrm{NFI}=0.934, \mathrm{NNFI}=0.941, \mathrm{CFI}=0.956, \mathrm{GFI}=0.972, \mathrm{AGFI}=0.964, \mathrm{RMSEA}=0.042.$ 模型拟合得较好,表明自行车骑行者对于不安全行为的态度等心理因素通过行为意向这个中介对其行为有预测作用。

由图 4-14 可以得到以下结论:

(1) 从结构路径图可以发现,知觉行为控制是影响不安全行为意向的最重要因子,其路径系数为 0.32,说明人们对于不安全行为意向很大程度上取决于其自我控制能力。

（2）态度、知觉行为控制和行为经验对不安全行为意向有显著影响且正相关。在态度方面，人们对于不安全行为没有引起足够的重视（平均得分 2.85，接近中立）；在知觉行为控制方面，人们表现出在无人监督或交通环境不好的情况下易于参与不安全行为（得分 3.30），而在有交警在场的情况下则较为自律（得分 2.3）；对于新增的行为经验变量，其正相关表示行为经验的积累会促使不安全行为的再次发生；

（3）主观规范与行为意向为负相关，是唯一能降低行为意向的价值观。人的主观受到其社会关系的劝导可以制约不安全行为的产生，其中以家人劝导的影响最深，得分为 4.1。

（4）行为经验与行为有直接关系（路径系数 0.18），表明行为经验的丰富可能使骑行者产生习惯进而跳过行为意向而直接作用于行为。

（5）不安全行为意向对于不安全行为的产生有显著影响且为正相关（路径系数 0.33）。

4.3　基于动态视觉特性实验的自行车骑行者行为机理分析

4.3.1　动态视觉特性实验参数

1. 注视点

注视点反映的是一段时间内人所注意的空间焦点。眼睛会根据以往的经验自然地注视在显眼或重要的区域。

2. 注视点数目

在视觉搜索中，注视点的数目与观察者所需要处理信息的数目有关系，而与所需处理信息的深度无关。然而，一旦搜索者发现其兴趣所在，那么注视点的数目就反映了视觉区域中兴趣点的数目，并且信息比例高的区域，产生的注视频率也很高。

3. 注视持续时间

注视时，视轴中心位置保持不变的持续时间，即眼球从一个扫视运动结束至下一个扫视运动开始包含的时间。

4. 扫视时间

眼球从一个注视运动结束到下一个注视运动开始所包含的时间。

5. 眼动方向

眼动方向是指眼球在水平或者垂直方向转动的角度,即在二维或三维空间内考察眼动方向(角度),也称为视角。

6. 匀速/加速/减速行驶时间

在骑行过程中,速度是在不断变化的,路况较好、车辆较少的情况下,骑行者可能加速骑行;在路况较差、车辆较多的情况下,骑行者可能减速行驶。

7. 停车次数

在骑行过程中,由于信号灯或者复杂的交通情况而不得不停车的次数。

4.3.2　实验方案设计与实现

通过对自行车整个骑行过程的分析可知,骑行者主要通过眼睛获取道路交通信息,通过大脑对信息进行分析、决策,再通过手、脚等执行器官进行骑行操作。本实验通过眼动仪对测试者各项参数进行测定,比较具有不同属性(如年龄、性别)的人群之间的差异性。

1. 实验思路

骑行者在"人-车-交通环境"的系统中占主体地位,而人在骑行过程中主要依靠眼睛获取信息,同时做出相应的判断,不管判断正确与否。不同个人属性,如年龄、性别等将引起行为的差异。

通过眼动仪对骑行者骑行过程的全程记录,对注视点、注视时间、注视点分布等参数进行统计分析,验证不同社会人群在骑车过程中的差异性。

2. 实验仪器

1) iView X HED 眼动仪

仪器组成如下(图 4-15):

(1) 笔记本工作站一台(原厂标配)。

(2) 棒球帽式及自行车式头戴装置系统各一套(含眼睛及实景摄像头套装、3个焦距镜头、2 片半反半透镜、USB 连接线缆)。

(3) iView X 眼动系统控制及数据记录软件(具备在线数据流读取、眼动数据数值记录、RS232 和网络远程控制等功能)。

2) 系统概要

系统使用一副很轻的微型摄像机,安装在专用的头盔上,捕捉眼球运动和视野

图 4-15　iView X HED 眼动仪

的变化。电脑计算视线的聚焦点并与视野的影像进行叠加。配套的 MPEG 视频采集器可记录真实场景，并储存供后面分析使用。可应用于人体工程学、训练学等需要在移动场景中研究眼部运动的领域。在测试过程中被测者头戴头盔，头盔上装有半反半透镜和红外线摄像头。被测者目光透过眼前的半反半透镜注视物体图像，一部分光线反射到摄像头被记录下来从而确定眼珠和瞳孔的位置，计算出眼珠的水平和垂直运动的时间、距离、速度及瞳孔直径。另一个摄像头摄取被测者注视的物体图像并确定注视位置。摄像机追踪虹膜和瞳孔上的角膜反射对头部相对运动进行补偿。校准时受试者注视几个提前设定好的点，仪器会自动探测到这些点并校准。配套计算机 iView PC 可以控制系统的多种功能，如眼动、视觉刺激、数据采集等。

3）系统技术参数

系统技术参数如下：

(1) 采样频率：50Hz(200Hz 可选)。

(2) 追踪分辨率：<0.1°。

(3) 凝视定位精度：<0.5°~1°。

(4) 追踪范围：水平±30°，垂直±25°。

(5) 系统头戴装置：轻便舒适，易于快速调整，重量<100g(棒球帽式)。

4）眼动仪校正

眼动仪的安装和校正是确保整个实验正常进行的前提条件，在仪器校正过程中要注意以下几点：①调节注视点摄像头的位置，确保仪器能清晰扫描到测试者的瞳孔；②调节反光镜片的位置，确保瞳孔位置位于监视屏中央；③调节前景摄像头的位置，使前置摄像头能清晰、完整地记录实验视频数据。

便携式眼动仪佩戴的示意图如图 4-16 所示。

另外，眼动仪的校正精度可以分为三个等级：5 点校正、9 点校正和 13 点校正。

以 5 点校正方式为例,如图 4-17 所示,图中标注的数字表示校正的顺序。每个测试者在实验开始后保持头部不动,双眼注视目标,保持 2s 左右的时间,等实验人员在仪器上标定后再看下一个点。

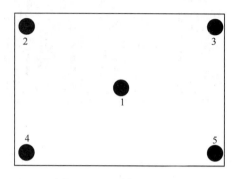

图 4-16　便携式眼动仪佩戴　　　　　图 4-17　眼动仪 5 点校正

3. 实验方案

1）实验路线和环境

根据实验要求选取一条路线,从进香河路-学府路交叉口出发,沿学府路行至学府路-丹凤街交叉口,然后沿丹凤街到丹凤街-珠江路交叉口,再由珠江路行至进珠江路-香河路交叉口,最后由进香河路返回实验开始地点。实验路线全长 1.5km,途中包括 4 个信号交叉口,途径路段既有机非分隔的也有机非混行的,具体路线和路况如图 4-18 所示。

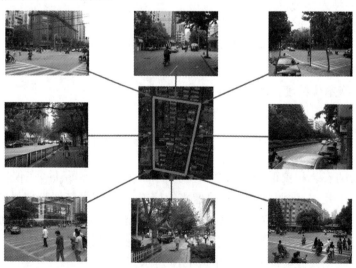

图 4-18　实验路线及沿途环境

2) 实验对象

作为一次小规模的探索性实验,并考虑到实验对象在真实道路场景中的交通安全问题,因此没有大范围地选取被测对象。本实验共选取实验对象 15 名,详细信息如表 4-7 所示。

表 4-7　测试者个人信息

编号	性别	年龄
1	男	25
2	女	24
3	女	18
4	女	45
5	女	58
6	女	34
7	男	40
8	男	22
9	女	24
10	男	25
11	女	24
12	男	23
13	男	23
14	男	23
15	男	19

4. 实验过程

1) 实验流程

实验流程如图 4-19 所示。

2) 实验具体步骤

(1) 设置起止点:按照实验设计的路线确定起止点,并和测试者讲明实验路线(绝大部分实验对象居住或者工作在实验地点附近),确保测试者明确实验路线。

(2) 眼动仪安装调试:根据操作规范,让测试者佩戴好眼动仪,并调整仪器。然后使用眼动仪 5 点校正法对测试者进行眼动校正,确保实验数据的准确。

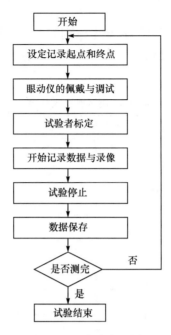

图 4-19　实验流程图

（3）固定眼动仪：测试者背上事先准备好的背包，装入眼动仪数据存储设备。

（4）开始实验：测试者开始骑着自行车，按照平时的习惯，以正常速度进入事先划定的路段和交叉口。

（5）记录数据：在起点处开始同步记录视频数据及眼动数据，终点处停止记录。

（6）保存数据：按预先设定好的命名规律，输入文件名（骑行者编号＋实验条件编号），保存该骑行者在当前条件下的实验数据。

（7）重新标定眼动仪，重复上述实验，直到每位测试者完成各种条件下的测试。

3）实验注意事项

（1）认真阅读眼动仪设备使用说明书，严格按照说明书的要求操作，否则一些细微的差别就可能导致实验数据的较大误差。

（2）便携式眼动仪的正确佩戴很重要，要确保眼动仪在被测者头部牢固固定，一旦出现松动或者下滑都将导致实验的失败。

（3）当一次实验结束注意先保存数据再开始下一次实验。

（4）每个测试者的数据文件要遵循相应的命名规律，保证后期的数据分析中个人信息与其眼动数据相一致。

4.3.3　数据分析

1. 数据分析软件介绍

1）BeGaze 软件

BeGaze 软件可以提供快速和综合的眼动分析、可视化的眼动数据以及视觉刺激。通过对刺激信息和被测者信息的结构化划分以及显示有意义的图像和视觉效果图，BeGaze 软件大大简化了数据分析工作。BeGaze 软件包括眼动和头部跟踪数据以及移动储存数据。很多项目和测试可以支持实时分析，通过对以往的数据进行重新分析，用户可以在必要时轻松实现更改参数的行为。为了更加适应研究要求，记录完成后在自定义兴趣区（AOIs）可以用图表和数字进行描述。兴趣区可以定义和修改刺激信息，用于可视化和统计分析。

BeGaze 软件提供了 10 个预先设定的数据统计模板（图 4-20），其中包含数十个和活动相关的行为（包括眨眼、注视和扫视等）以及兴趣区。统计方法可以轻松地修改选择的刺激条目、项目和时间间隔。模板可以由个人单独制定并可保存起来供以后使用。

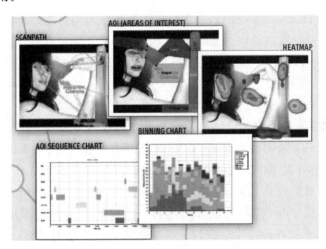

图 4-20　BeGaze 软件分析模板

（1）扫描路径分析 Scan Path：逐点连续显示注视点位置及各个注视点的数据（开始、结束、持续时间，位置坐标、凝视事件、扫视跳跃事件、角速度、角加速度、眨眼等）。

（2）兴趣区编辑器 AOI（areas of interest）Editor：用户可以在视频中设定多个兴趣区（矩形、圆形、任意多边形等），并以颜色区分，兴趣区的位置变化可以定义到每一帧，也可以连续几帧定义。

(3) 兴趣区顺序分析 AOI Sequence Chart：时间为 X 轴，兴趣区为 Y 轴，显示视点随时间推进在各个兴趣区之间的转换过程，用于分析人的视觉变化过程。

(4) 注视图 Attention Map：包括热图分析和凝视图分析。前者以颜色的热图方式显示注视点的动态变化，后者以窗口透视方式显示注视位置。

(5) 时间柱形图分析 Binning Chart：时间为 X 轴，百分比为 Y 轴，显示每个固定的时间段内注视点在各个兴趣区停留时间占该固定时间的百分比。时间间隔可以自由设定，用于表征被测者在特定时间段内对不同兴趣区域的感兴趣程度。

(6) 事件统计 Event Statistics：提供 10 种不同的数据统计表模式，包括事件汇总统计、事件明细统计、扫视明细、凝视明细、眨眼明细、兴趣区凝视统计、兴趣区汇总统计、兴趣区明细统计、兴趣区域转移矩阵、用户事件（鼠标点击、键盘输入等）。

(7) 动态关键运行指标分析 KPI：在数据分析过程中，一旦设定好兴趣区后播放视频，眼动分析数据可以实时动态地可视化呈现。

2) Observer XT 软件

荷兰 NOLDUS 公司 Observer XT 软件是研究人类行为的标准工具，可用来记录分析被研究对象的动作、姿势、运动、位置、表情、情绪、社会交往、人机交互等各种活动；记录被研究对象各种行为发生的时刻、发生的次数和持续的时间，然后进行统计处理，得到分析报告，可以应用于心理学、人因工程、产品可用性测试、人机交互等领域的实验研究。

Observer XT 软件采用音频视频记录设备将研究对象的各种行为活动摄录下来，通过 MPEG 编码器转换成 MPEG4 视频文件存储在计算机中。Observer XT 软件可以打开此 MPG 文件进行录像回放。研究人员首先将被研究对象的行为进行编码然后回放录像，通过观看录像并将录像中记录的行为按编码输入计算机从而得到按时间顺序排列的行为列表，输入过程中可以进行编码修改。软件通过编码识别各种行为后进行分类整理统计分析从而得到行为报告。

Observer XT 软件可以与生理仪和眼动仪等外部设备同步记录行为并读入被观察者的生理信号和注视位置，以便综合分析被观察者的各种行为，其工作界面如图 4-21 所示。

Observer XT 软件主要功能有：

(1) 行为编码并在分析过程中进行编码修改。

(2) 分析两个以上被观察者同时进行的行为。

(3) 得到各种行为发生的次数、每次发生的时间、持续的时间、最短的持续时间、最长的持续时间、平均的持续时间。

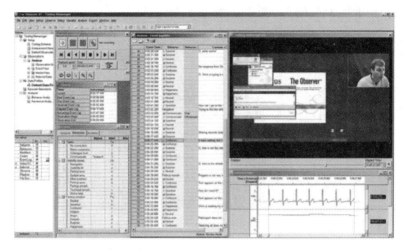

图 4-21　Observer XT 软件工作界面

（4）自动给出两个前后连续的行为发生的次数。

（5）不同研究人员分析结果相互验证从而得到可靠性报告。

（6）行为直方图显示。

（7）与生理仪同步记录行为并读入生理信号。

（8）编辑行为视频文件。

（9）自动建立行为表与视频文件的对应。

2. 实验数据分析

本次实验共测得 15 组数据，按性别分组，男性 8 组，女性 7 组；按年龄分组，青少年（小于 20 岁）2 组，青年（20～35 岁）10 组，中年及以上（大于 35 岁）3 组。

1）样本分析时长

在实验的最初阶段，测试者可能会由于紧张或者不习惯而影响实验的精度；而在实验的后期可能会因为骑行过程中的震动改变眼动仪的位置从而影响到实验的精度。为此，取每个样本从第 3min 开始到第 18min 共计 15min 的数据进行分析。

2）注视行为特征分析

（1）注视点数目。通过对注视点的统计（图 4-22、图 4-23），可以看出，在性别差异方面，男性的注视点数目多于女性；在年龄差异方面，青年人的注视点数目最多，而青少年其次，中老年人最少。注视点的多少决定了自行车骑行者在骑行过程中获取信息量的多少。根据自行车交通特性中的反应特性，可得出以下结论：由于青年人反应较快，尤其是男性青年，故在骑行过程中获取的信息量较多；中老年人随着年龄的增长，反应速度减慢，故在同样的环境下获取的信息量较少。在信息量获取方面,中老年人尤其是中老年女性,为"弱势群体"。

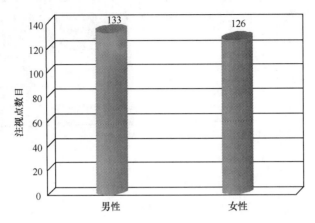

图 4-22　不同性别注视点数目

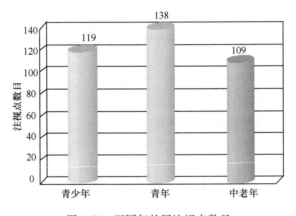

图 4-23　不同年龄层注视点数目

（2）注视持续时间。对各组数据进行统计,计算出不同性别、年龄层在骑行过程中的注视持续时间,如图 4-24、图 4-25 所示。发现男性的注视持续时间短于女性;随着年龄的增长,注视时间逐渐增长。由于男性注视点多于女性,这就表示男性对于每个注视点的持续时间,即每个注视点的平均注视时间短于女性,这容易造成对道路上某些交通信息如信号灯的忽视。同时,青少年的注视持续时间最短,这可能与其性格比较急躁同时常伴有在骑行过程中打闹嬉戏有关。在注视持续时间方面,青少年尤其是男性为不安全行为"高倾向群体"。

（3）注视有效性。本次数据分析将注视点注视的对象分为 5 类:行人、其他自行车、机动车、路标及信号灯、其他。其中,其他信息主要指一些与道路交通信息无关的信息,如路边的商铺、公共设施、商业标牌、路边静止的车辆等。无关信息的多少决定了骑行者在骑行过程中获取信息的有效性。通过数据统计（图 4-26、

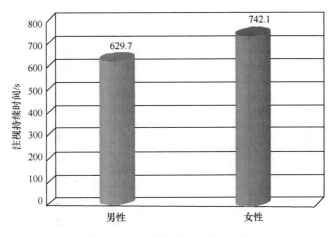

图 4-24　不同性别注视持续时间

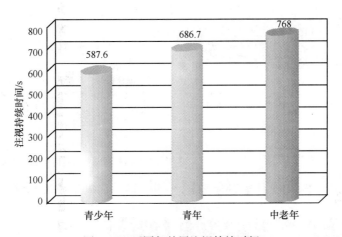

图 4-25　不同年龄层注视持续时间

图 4-27），发现不管从年龄角度还是性别角度，有效信息的获取比例都基本相同，保持 53%～55%。无关信息过多主要有两个原因：一是我国道路交通情况比较复杂，混行比较严重，二是人们在骑车过程中精神不够集中易被路边的无关信息所吸引，存在一定的安全隐患。

　　（4）注视点轨迹（交叉口）。本次研究对每个测试者在经过进香河路-丹凤街交叉口时的眼动轨迹进行分析，研究不同人群过交叉口时的行为安全性。

　　通过 Begaze 软件分析，如图 4-28、图 4-29 所示。其中，每个圆代表注视点，数字代表注视点的先后顺序，圆的大小代表注视时间的长短。不同注视点连接在一起，形成注视点轨迹。

青年注视目标比例

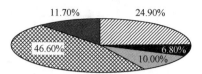

女性注视目标比例

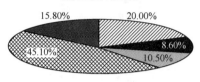

☑行人 ■车辆 ▨交通标志及信号灯 ⊠其他 ■自行车

青少年注视目标比例

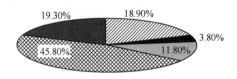

☑行人 ■车辆 ▨交通标志及信号灯 ⊠其他 ■自行车

男性注视目标比例

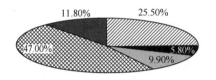

☑行人 ■车辆 ▨交通标志及信号灯 ⊠其他 ■自行车

中老年注视目标比例

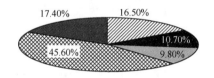

☑行人 ■车辆 ▨交通标志及信号灯 ⊠其他 ■自行车

图 4-26　不同性别注视目标比例比较　　　图 4-27　不同年龄层注视目标比例比较

图 4-28　典型男性测试者过交叉口注视点轨迹

　　从 15 组轨迹图中分析得出,男性测试者注视点的分布范围较广且注视点较多、面积较小,这表示其视野范围较大且注视持续时间较短。女性测试者注视点的分布范围相对较小但是面积较大,这表示其视野范围较男性小且注视持续时间长于男性。同时,对于交叉口信号灯的观察,男性测试者的注视点较女性少且注视持

图 4-29　典型女性测试者过交口注视点轨迹

续时间也较短,表明男性在通过交叉口时易产生轻视心理,这可能更易发生交通事故。

研究中也发现,在实验过程中测试者常有过交叉口不看信号灯的现象,这表明现阶段我国自行车骑行者交通行为规范性还有待提高。

(5) 注视点区域。此处研究的注视点区域主要指测试者前方近处、前方远处和后方。经统计得到图 4-30、图 4-31,从中可看出,男女性注视点区域分布比例基本上一致;青少年和青年人及中老年人的主要差别是对后方的观察比例明显偏低,说明青少年骑车时对于身后的交通情况缺乏必要的观察,存在一定的危险性。因此,在注视点区域方面,青少年为不安全行为"高倾向人群"。

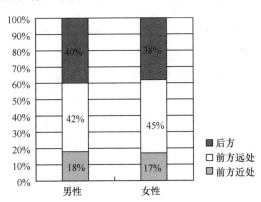

图 4-30　不同性别注视区域比较

3. 骑行行为特性分析

1) 骑行速度

由于不同人群的体力和耐力各不相同,本次研究不直接以骑行速度而以相关的加减速及匀速时间为统计指标横向比较不同人群之间的差异。通过 Observe 软件分析可知(表 4-8),青少年的加速时间最长,同时减速时间最短,表明青少年骑

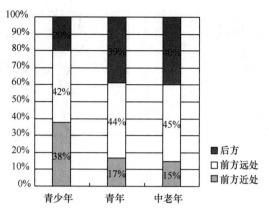

图 4-31　不同年龄层注视区域比较

行速度较高且加减速变化明显,整个过程速度状态最不稳定。故在骑行速度方面,青少年为不安全行为"高倾向人群"。

表 4-8　不同年龄层骑行速度比较

年龄层	加速时间/s	减速时间/s	匀速时间/s
青少年	152	107	641
青年	132	111	657
中老年	108	121	671

2) 停车次数

通过视频统计,停车次数随着年龄的变化有所不同,青少年平均为 4.7 次,青年为 3.4 次,中老年人为 6 次。停车次数的多少在一定程度上反映了骑行者的操作水平,中老年人的停车次数最多,表明其骑车水平较其他年龄层相对较低。

第5章 电动自行车交通行为特征分析及建模

5.1 电动自行车行为及交通冲突分析

我国城市道路交叉口交通流组成复杂,各种不安全因素相对集中,事故比例较高。近年来由于电动自行车的广泛使用,使交叉口交通流的构成更加复杂,使交通流的运行更加不稳定。本节拟从安全的角度研究城市道路交叉口电动自行车的骑行行为,通过对多个城市交叉口高峰时段交通流进行视频录像,分析电动自行车典型的违法行为及其造成的交通冲突,同时分析影响违法行为发生的交通流、道路几何条件和交通控制等因素,为制定电动自行车安全管理对策提供理论依据。

5.1.1 概述

1. 交叉口电动自行车骑行行为

1) 交叉口通过行为

电动自行车是两轮行驶交通工具,在停止运动时不能保持平衡,在交叉口红灯等待通行时,骑行人一般右脚支地保持、左脚教踏板跨骑在车上,身体倾斜角度为$40°\sim 90°$。通过行为一般分为:

(1) 绿灯时直接通过。

(2) 红灯时等待绿灯放行,当绿灯亮开始通行后,后车超车行为增多,前后车间距增加。

(3) 挤压通过,当非机动车流量相当大时,车流不等红灯信号变绿逐渐前移,迫使机动车减速、停车,非机动车随后通过交叉口。

(4) 在交叉口停车线处,随非机动车数增加,停行车辆队列逐渐沿机动车道方向增长,而不是排向人行道方向。

2) 交叉口违法行为

通过对电动自行车交通事故的分析发现,大部分事故的发生与不安全的骑行行为有关,而城市道路交叉口又是事故多发地点,所以有必要对电动自行车通过交叉口的不安全行为进行调查和分析。

本书将交叉口电动自行车不安全骑行行为分为:

(1) 绿灯尾抢行。当电动自行车骑行到交叉口时,正好绿灯将要结束,部分骑行者会加速通过,特别是有倒计时信号装置的交叉口,骑行者往往在黄灯要开始时快速通过,这样容易与相交道路将要或提前启动的机动车发生冲突。

（2）红灯期间闯过。红灯期间，当电动自行车骑行者发现相交道路机动车较少，有足够的穿越空挡，或同一方向交通流较大时，会在红灯期间通过交叉口。从事故案例的分析来看，这种不安全的骑行行为容易与相交道路未减速通过交叉口的机动车辆发生冲突。群体闯红灯时容易造成相交道路机动车的阻塞。

（3）红灯尾抢行。红灯将要结束时，当同向非机动车辆较多，为了不至于拥挤或落后，部分骑行者会抢先 1～2s 通过，这样容易与相交道路绿灯尾抢行的车辆发生冲突。

（4）占用机动车道行驶。这种现象易发生在同向和对向机动车较少、非机动车较多的交叉口中，此类交叉口规模一般较小，信号相位较少。占用机动车道行驶的电动自行车容易与同向和对向行驶的机动车发生追尾和碰撞。

（5）逆向行驶。为了便捷过街和到达目的地，在路段和交叉口不遵守靠右行驶的规则，车流量较大时容易与对向车流产生冲突。

（6）停车线外停车等待。交叉口红灯期间，部分电动自行车会习惯性停在停车线之外，这样的等待方式容易与相交道路通过的非机动车产生冲突。

2. 电动自行车交通冲突

1) 交通冲突概念

交通冲突是指交通行为者在参与道路交通过程中，与其他交通行为者发生相会、超越、交错、追尾等交通遭遇时，有可能导致交通损害危险发生的交通现象。

交通冲突也可表述为交通行为者的一方已明显感知到事故危险的存在，并采取了积极有效的相应避险行为的交通遭遇事件。

2) 交通冲突的类型

交通冲突有不同的分类方法，按测量对象的运动方向，可分为左转弯冲突、直行冲突、右转弯冲突；按事件的发生状态，可分为正向冲突、侧向冲突、超车冲突、追尾冲突、转弯冲突等；按事件的参与对象，可分为机动车-机动车冲突、机动车-自行车冲突、机动车-行人冲突；按避险方式，可分为制动、转向、加速、制动＋转向、加速＋转向冲突；按事件责任者，可分为大型车、中型车、小型车、摩托车、自行车、行人冲突。

3) 交通冲突与交通事故

交通冲突技术的核心是使用严重冲突代替交通事故作为分析对象，一个重要的问题是由交通冲突数估计交通事故期望数的准确率。交通冲突是一种"近似事故"的危险交通状态，但是仅有很少的一部分交通冲突会演化为交通事故，而且完全是随机的。尽管交通冲突是一种很危险的交通状态，但是并不能直接等同于交通事故的概率。

研究人员对采用交通冲突技术估测交通事故数量的有效性展开了长期的研

究。根据研究,严重的交通冲突数量与交通事故数量具有显著的相关性,用换算系数来表示:

$$换算系数 = \frac{单位时间的冲突数量}{单位时间的事故数量}$$

这说明用交通冲突代替交通事故作为安全评价的指标是可行的。但是由于数据样本的限制,理论上的换算系数是不可能获得的,交通分类的复杂性决定了换算系数的多样性,所以交通冲突技术也有局限性。

4) 电动自行车交通冲突分析重点

由交通冲突与交通事故的相关关系可知,交通冲突可以间接判断交叉口的安全性,违法行为造成了交通冲突。因此,可以判断违法行为对交叉口安全的影响。本书在交通冲突判别上采用以上判别要素中的采取避险行为因素,采取剧烈运动特征作为紧急避险行为的为严重冲突,采取一般避险性行为的为一般冲突。

5.1.2　视频调查方案设计

1. 调查目的

电动自行车在交叉口的不安全骑行行为是交通事故发生的重要因素。本调查的目的是获取典型交叉口电动自行车骑行行为的视频录像,为后期统计分析提供数据支持。

2. 调查方法

交叉口调查的方法一般可分为人工调查与设备检测两大类。为获取交通流在交叉口功能区运行的整个过程,采用可连续采集数据的视频调查方法。该方法具有不直接接触调查对象从而对调查对象影响较小、图像可重复观看、所需调查人员较少等优点。此外,对于交叉口的几何尺寸及信号控制参数等采用人工调查的方法。

3. 调查地点与设备

为了获得电动自行车骑行者在不同类型交叉口中的行为差异,以相位设置、几何尺寸、相交道路等级、车流量各不相同的交叉口作为研究对象。通过实地踩点,选择南京和宁波的 3 个代表性十字交叉口。调查交叉口的基本情况如表 5-1 所示。

表 5-1　视频采集交叉口基本状况

交叉口类型	交叉口	交叉口规模	信号相位	所在地	相交道路等级	相交道路车道数	视频截图
A	学府路-成贤街	小	2	南京	次-支	2-2	
B	解放南路-柳汀街	中	4	宁波	主-次	4-3	
C	洪武路-淮海路	大	6	南京	主-主	4-4	

学府路-成贤街交叉口（A 类型）位于东南大学附近，交叉口规模较小，相交道路等级低，信号设置为两相位，其中成贤街为机非混行，学府路机非隔离，机动车流量少，非机动车流量大。解放南路-柳汀街交叉口（B 类型）位于宁波市区，交叉口规模适中，相交道路等级较高，信号相位为四相位，设有左转专用相位。洪武路-淮海路交叉口（C 类型）位于南京商业中心区，周围有多个大型商场和步行街，交叉口规模大，信号相位设置复杂，交通流量和行人流量大。

同时，选择交叉口混合交通特征明显、无特殊干扰因素且具有良好视角的视频拍摄地点，以便架设视频装置。拍摄在晴朗的天气进行，避免雨、雪、冰雹、大风等异常天气，以避免对非机动车骑行者的交通行为和交通心理产生显著的影响。

视频采集设备为便携式 DV 摄像机，如图 5-1 所示。

摄像机　　　　　　　　　　　三角架

图 5-1　视频采集设备

5.1.3　数据收集与分析

1. 数据收集

本调查采用人工判读的方式对采集的视频资料进行处理,选择有经验的人员,在判读前需要进行培训,培训的主要内容为交叉口典型违法行为的判别和交通冲突判别(见 5.1.1 节)。

需要人工判读的数据如表 5-2 所示。

表 5-2　视频资料采集数据

判读数据	备注
信号相位	—
机动车流量	高峰小时四个进口道机动车流量
非机动车流量	高峰小时四个进口道非机动车流量
电动自行车流量	高峰小时四个进口道电动自行车车流量
不安全行为数量	5.1.1 节所列违法行为的数量
违法冲突数量	不安全行为造成交通冲突

2. 统计分析

采用数理统计方法并运用 SPSS 软件对数据进行统计分析,获取电动自行车违法行为的相关统计数据,检验违法行为与交通流因素之间的关系;同时通过 person 秩相关系数检验违法行为与交叉口冲突的相关性;使用 ANOVA 检验主要违法行为危险度在 3 类交叉口的特征值与差异性。

1) 电动自行车违法行为与违法率的统计

统计得到各周期内非机动车流量、电动自行车比例及电动自行车各类型违法数量,结果如表 5-3 所示。

表 5-3　交叉口交通流与电动自行车违法数量统计表

交叉口类型	相位数	机动车总数/(辆/10min)	非机动车总数/(辆/10min)	非机动车比例/%	非机动车中电动自行车比例/%	电动自行车违法数量/(次/10min)	违法率/%
A	2	123	180	59	31	32	57.3
		129	173	57	32	26	46.9
		132	137	51	40	23	41.9
		141	208	60	43	38	42.5
		135	183	58	40	29	39.6
		146	190	57	34	24	37.2

续表

交叉口类型	相位数	机动车总数/(辆/10min)	非机动车总数/(辆/10min)	非机动车比例/%	非机动车中电动自行车比例/%	电动自行车违法数量/(次/10min)	违法率/%
B	4	710	293	29	36	35	33.2
		635	314	33	36	38	33.7
		623	286	31	43	38	30.9
		751	211	22	28	16	27.1
		716	253	26	30	23	20.3
		634	259	29	31	26	32.4
		677	243	26	37	30	33.4
		646	210	25	39	31	37.8
		632	212	25	34	28	38.8
		685	189	22	28	17	32.1
		586	197	25	22	17	39.2
		536	204	28	22	14	31.2
C	6	502	366	42	45	18	10.9
		454	402	47	44	17	9.6
		450	279	38	42	12	10.2
		478	259	35	49	15	11.8
		519	319	38	47	24	16.0
		494	366	43	45	30	18.2

注：违法率 = $\dfrac{电动自行车违法数量}{电动自行车流量}$。

可以看出，交叉口规模越小，交通量越小，非机动车所占比例越大；在调查地点，电动自行车在非机动车流量中的比例分布在30%～50%之间；违法率与交叉口的规模和控制方式有很大关系。

2）电动自行车违法率相关因素分析

对各类型交叉口进行单因素方差分析，如表5-4、图5-2所示。

表5-4 各类型交叉口违法率方差分析

交叉口类型	平均值	标准值	F值	p
A	0.442	0.029	70.395	0.000
B	0.333	0.010		
C	0.128	0.014		

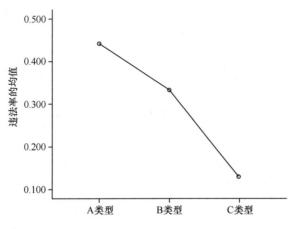

图 5-2　不同类型交叉口违法率均值

　　根据以上分析,3 类交叉口的违法率存在显著差异,其中 A 类型的交叉口违法率最高,C 类型交叉口违法率最低。

表 5-5　违法率与各因素相关性分析

		相位数	机动车总数	非机动车总数	非机动车比例	非机动车中电动自行车比例
违法率	相关性	−0.912	−0.378	−0.733	0.249	−0.529
	显著性	0.000	0.068	0.000	0.241	0.008

　　通过表 5-5 分析,可以得到以下结论:

　　(1) 交叉口电动自行车的违法率与信号相位呈强负相关关系,交叉口信号相位越复杂,违法率越低,反之越高。信号相位复杂的交叉口往往是规模较大、机动车流量较大的交叉口,复杂的信号相位较为严格地控制了混合交通流的运行。为了不发生意外情况,骑行者的违法行为较少。

　　(2) 交叉口电动自行车违法率与非机动车总数呈强负相关关系。非机动车数量越多,违法率越低,反之越高。

　　(3) 电动自行车的违法率与机动车总数、非机动车比例和电动自行车比例相关性不明显。

　　3) 电动自行车违法行为对交叉口安全的影响

　　通过视频资料获取了各类违法行为及其造成的冲突,根据交通冲突可以预测交通事故的原理,可以间接地评价违法行为对交叉口交通安全的影响。

表5-6、图5-3显示了3类交叉口各种违法行为的比例及引发冲突的比例。闯红灯是各类违法行为中发生次数最多也是造成冲突最多的行为,尤其是在A类型交叉口中比例最高,可见闯红灯行为对交叉口安全的影响最为严重;其余各类违法行为的发生次数和产生的冲突数相差不大,但都占有一定比例,对交叉口安全同样具有影响。

表5-6　违法行为均值及造成的冲突数量

序号	1		2		3		4		5		6		7
交叉口类型	绿灯尾抢行 /(次/10min)		红灯期间闯过 /(次/10min)		红灯尾抢行 /(次/10min)		占用机动车道 /(次/10min)		逆行 /(次/10min)		停车线外停车 /(次/10min)		非违法冲突数
	违法次数	引发冲突	违法次数	引发冲突	违法次数	引发冲突	违法次数	引发冲突	违法次数	引发冲突	违法次数	引发冲突	
A	3.61	0.63	14.88	4.27	2.17	1.05	1.93	0.95	1.12	0.53	3.85	0.60	5.4
B	1.37	0.28	4.9	3.40	6.93	0.35	5.46	0.21	6.55	0.53	2.66	0.60	6.1
C	2.56	1.30	3.40	1.68	1.68	0.53	2.03	0.60	1.75	0.98	3.5	0.46	1.9

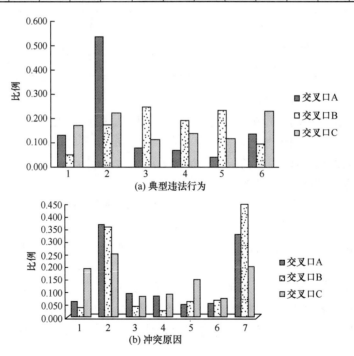

图5-3　各类型交叉口的主要违法行为及交通冲突比例

非违法冲突是指在现有的相位设置下,车辆合法地在各自时空行驶时产生的冲突。非违法冲突也是造成交叉口冲突的重要原因,但通过合理的信号控制、交叉口渠化等途径可以减少此类冲突。从图 5-3 可以看出,B 类型交叉口的非违法冲突所占比例最大,因为 B 类型交叉口为主干路和支路相交,交通流量较大,但其并不能在时空上完全隔离机动车和非机动车,所以产生冲突多。

根据交通冲突理论的研究,违法冲突和非违法冲突均与交通事故有显著的相关性。违法冲突导致的交通事故是由于交叉口电动自行车骑行者违法行为产生的,这与骑行者本身素质及外部环境有关系。非违法冲突与交叉口的控制方式有直接关系,当信号控制不完全时需要交通参与者遵守一定的让行规则,但是实际行车过程中交通参与者主动让行的意识不够,使得冲突和事故频发。

本书定义某一种违法行为引起的冲突数和违法次数之比为该违法行为的危险度,以进一步研究信号交叉口非机动车的各种典型违法行为对交叉口安全的影响程度表(5-7)。

表 5-7　主要违法行为危险度特征描述

描述性统计分析					
违法行为危险度	交叉口类型	平均值	标准值	F 值	p
绿灯尾抢行	A	0.216	0.159	5.978	0.010
	B	0.203	0.175		
	C	0.588	0.347		
	总计	0.312	0.279		
红灯期间闯过	A	0.300	0.070	3.532	0.048
	B	0.768	0.443		
	C	0.603	0.289		
	总计	0.610	0.389		
红灯尾抢行	A	0.554	0.316	9.618	0.001
	B	0.059	0.073		
	C	0.390	0.359		
	总计	0.266	0.316		
占用机动车道	A	0.479	0.156	25.941	0.000
	B	0.037	0.046		
	C	0.254	0.189	5.978	0.010
	总计	0.202	0.221		

描述性统计分析					
违法行为危险度	交叉口类型	平均值	标准值	F 值	p
逆行	A	0.583	0.468	4.621	0.022
	B	0.116	0.120		
	C	0.818	0.869		
	总计	0.409	0.561		
停车线外停车	A	0.178	0.203	0.040	0.961
	B	0.198	0.139		
	C	0.183	0.138		
	总计	0.189	0.150		

由以上分析可知,总体上,非机动车闯红灯、逆行、绿灯尾抢行 3 种交通违法行为的危险度最高。

5.1.4 结果与讨论

1. 研究结果分析

1) 影响电动自行车交叉口违法率的因素

通过 ANOVA 分析,三类被调查的交叉口违法率存在显著性差异。由相关性分析知,违法率与相位设置、机动车总数呈负相关关系。其中,A 类型交叉口规模最小,两相位设置,机动车流量最小,非机动车骑行者行为随意性很强,违法率最高;C 类型交叉口规模最大,信号相位设置复杂紧凑,各相位时长合理,机动车流量较大,电动自行车违法率最低。

2) 交叉口电动自行车违法特点

A 类型交叉口机动车流量小,电动自行车车骑行者对不遵守交通信号灯的安全后果估计偏低,闯红灯行为尤其突出;即使有部分骑行者停车等候,也超越停车线,对同进口道右转机动车造成干扰。

B 类型交叉口常由于左转专用相位时长设置的不合理,部分电动自行车在该相位末期穿越交叉口,造成"红灯期间闯过"及"红灯尾抢行"两项行为比例较大;从解放南路-柳汀街交叉口视频看出,交叉口东西向非机动车道设置遮阳棚,过线停车行为明显减少。

C 类型交叉口信号相位设置合理,机动车流量较大,电动自行车骑行者违法心理压力较大,致使其闯红灯行为相对另外两类交叉口较少;但仍有一些绿灯末期到达交叉口的非机动车欲加速穿过交叉口,由于交叉口规模较大,非机动车尤其是自行车速度较慢,在红灯启亮时仍未完全通过,常与相交道路绿灯初期驶出的车辆引发交通冲突。

3）电动自行车违法对交叉口安全的影响

三类交叉口违法冲突的比例均大于 0.5，其中 C 类型交叉口违法冲突比例达 0.8，可见非机动车违法行为对交叉口安全的影响很大。

交叉口的违法冲突数及总冲突数与违法率均成正相关，即违法率越高，交叉口冲突越多，冲突率越高。A 类型交叉口违法冲突与总冲突数均最多，冲突率也最高。

总体上，非机动车闯红灯、逆行、绿灯快结束抢行 3 种交通违法行为的危险度最高。具体而言，B 类型交叉口"闯红灯"危险度最高；C 类型交叉口各种违法行为的危险度均较高，其中绿灯快结束抢行与逆行两项的危险度明显高于其余两个交叉口。

2. 管理对策建议

1）进口道右转弯专用车道

为了提高非机动车道利用效率，应当利用现有的路面开辟专门用于右转弯的非机动车车道。

2）进口道左转提前等待区

可以使用彩色的路面或标线来标示非机动车左转弯提前等待区。此方法适用于左转非机动车利用左转机动车相位一次过街的情形。

3）左转非机动车二次过街

左转非机动车二次过街的交通组织措施，即左转非机动车首先随本向直行非机动车过街，到达待行区的停止线后等候，在下一相位放行初期，再成群直行通过交叉口，从而分两次完成左转。左转非机动车二次过街是一种机非时空分离的交通管理和组织方法。应尽可能利用或创造条件使得非机动车左转交通流两次过街。

4）绿灯初期禁止机动车右转

在非机动车流量较大的交叉口，可采用在绿灯初期禁止机动车右转弯，利用电动自行车启动速度快，能快速通过路口的特点，一方面减少交叉口车辆之间发生冲突的机会，降低高峰时间机动车对非机动车的干扰，另一方面降低非机动车通过交叉口的等待时间，减少非机动车驾驶人违反交通法规的几率。

5.2　基于 TPB 的电动自行车骑行者不安全行为模型

5.2.1　面向建模的问卷调查和分析

本次调查采用网络调查，调查时间为 2010 年 1 月。共回收问卷 515 份，其中有效问卷 416 份，有效问卷比例为 80.7%。

1. 调查者基本属性分析

对发生不安全行为的频度进行了赋值：1—经常有；2—偶尔有；3—般没有；4—几乎没有；5—从来没有。同时对态度的选项进行了赋值：1—非常安全；2—安全；3——般；4—危险；5—非常危险。

1）性别

由于是网络调研，参与调查的人员是特定的群体，所以调查问卷并不能真实反映使用电动自行车的男女比例。但是通过问卷分析，可以得出不同性别的使用者发生不安全行为以及对待不安全行为态度的差异性。

表 5-8 数据为个案数据的均值，表中 1～12 所列为 12 种不安全行为编号，分别代表：1—在机动车道行驶；2—酒后骑电动自行车；3—转弯处骑行速度过大；4—突然骑车横穿马路；5—逆向行驶；6—交叉口处不遵守交通信号；7—高速行驶；8—骑车并行；9——边骑车一边打电话；10——边骑车一边听音乐（mp3 等）；11——边骑车一边聊天；12—骑车载人。由表 5-8 可知女性比男性得分高，说明女性发生不安全行为的频率要低于男性。

表 5-8　不同性别不安全行为发生情况分析

行为编号	1	2	3	4	5	6	7	8	9	10	11	12
男(1)	2.36	3.20	3.01	3.15	2.87	3.05	2.73	2.71	2.73	2.93	2.74	2.07
女(2)	2.79	3.69	3.31	3.29	2.83	3.23	3.18	2.94	3.12	3.18	2.84	2.26

表 5-9 中女性得分明显高于男性，说明女性对不安全行为的认知程度要高。由此可见，电动自行车使用者对不安全行为的态度决定了不安全行为的发生，当电动自行车使用者能够正确地认识到一种不安全行为的危险程度时，此种不安全行为的发生频率就会降低，反之发生频率就会升高。

表 5-9　不同性别对不安全行为态度分析

行为编号	1	2	3	4	5	6	7	8	9	10	11	12
男(1)	3.96	4.34	4.21	4.36	4.09	4.26	3.98	3.65	3.82	3.72	3.63	3.19
女(2)	4.21	4.68	4.50	4.61	4.28	4.43	4.37	3.95	4.17	3.97	3.83	3.55

2）年龄

电动自行车使用者的年龄分布如图 5-4 所示。

由于群体的特殊性，对各年龄段不安全行为差异性进行分析更有说服性，对年龄段的赋值为：1—18 岁以下；2—18～25 岁；3—26～30 岁；4—31～35 岁；5—36～40 岁；6—41～50 岁；7—51～55 岁；8—56 岁以上。经过分类汇总得到表 5-10。

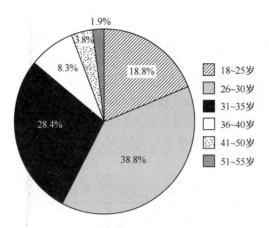

图 5-4　电动自行车使用者年龄分布图

表 5-10　不同年龄不安全行为发生情况分析

行为编号	1	2	3	4	5	6	7	8	9	10	11	12	均值
18～25 岁	2.63	3.41	3.10	3.05	2.94	3.20	2.92	2.81	3.01	3.01	2.73	2.30	2.93
26～30 岁	2.44	3.34	3.05	3.11	2.71	3.04	2.75	2.69	2.74	2.82	2.64	2.08	2.78
31～35 岁	2.46	3.41	3.14	3.35	2.94	3.13	2.98	2.84	3.18	2.88	2.10	2.94
36～40 岁	2.66	3.49	3.37	3.49	3.03	3.14	3.11	3.03	3.20	3.29	3.00	2.20	3.08
41～45 岁	2.50	2.94	3.06	3.06	2.94	3.19	2.81	2.94	2.63	3.13	3.00	1.94	2.85
51～55 岁	3.00	3.63	3.50	3.38	3.00	3.38	3.38	2.75	3.38	3.38	3.13	2.38	3.19

由表 5-10 可知,26～30 岁与 41～45 岁年龄段的使用者的得分最低,说明这两个年龄段发生不安全行为的频率较高。

3）职业

电动自行车使用者的职业分布如图 5-5 所示。

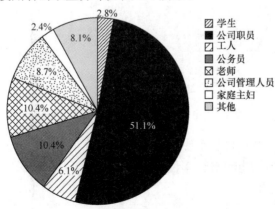

图 5-5　电动自行车使用者职业分布图

由图 5-5 可知,在所调查的群体当中,公司职员占到一半比例,其余各项比例均较小,说明本次调查中电动自行车使用者的主要群体为公司职员。

4) 学历

由于网络调查群体的特殊性,调查问卷只能反映不同学历的使用者发生不安全行为的情况以及对不安全的态度的差异性。

由表 5-11 可知,初中或以下得分明显偏低,说明此群体不安全行为的发生频率较高,其他 3 种学历分布分值没有较大差异,均值在 3(即一般没有)左右,说明其安全状况良好。

表 5-11　不同学历不安全行为发生情况分析

得分\行为\学历	1	2	3	4	5	6	7	8	9	10	11	12	均值
初中或以下	2.00	3.11	3.00	2.89	2.44	2.33	2.67	2.78	2.67	3.00	2.44	2.11	2.62
中专或高中	2.41	3.35	3.17	3.22	3.02	3.09	2.89	2.85	2.91	3.13	2.98	2.15	2.93
大专或本科	2.53	3.36	3.11	3.20	2.84	3.15	2.90	2.80	2.86	2.99	2.76	2.14	2.89
硕士或以上	2.56	3.52	3.16	3.20	2.84	2.88	2.72	2.60	2.92	3.08	2.80	2.16	2.87

5) 收入

电动自行车使用者的年收入分布如图 5-6 所示。

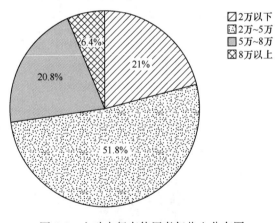

图例:
- ▨ 2万以下
- ▦ 2万~5万
- ▩ 5万~8万
- ▩ 8万以上

图 5-6　电动自行车使用者年收入分布图

由图 5-6 可知,电动自行车使用者的年收入分布主体在 5 万~8 万及 5 万以下,年收入超过 8 万的电动自行车使用者只占到 6.4%。说明电动自行车的使用群体多为中低收入者。

6) 骑行目的

电动自行车使用者骑行目的分布如图 5-7 所示。

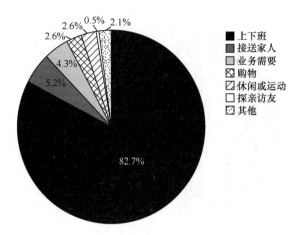

图 5-7　电动自行车使用者骑行目的分布图

由图 5-7 可知,电动自行车使用者的主要骑行目的是上下班,占到 82.7%,接送家人、业务需要、购物分别占一定的比例。

7) 购买电动自行车的时间

电动自行车使用者购买时间分布如图 5-8 所示。

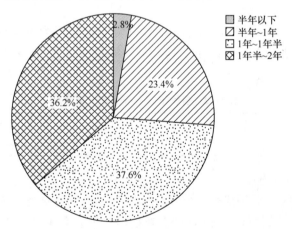

图 5-8　购买电动自行车时间分布图

由图 5-8 可知,购买电动自行车的时间主要分布在在 1 年到 2 年之间,两年以上的样本在调查中没有发现,这也说明了电动自行车的使用寿命多在两年以下。

2. 调查者安全意识分析

1) 检验刹车与否

电动自行车使用者检验刹车情况的分布如图 5-9 所示。

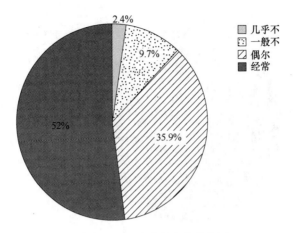

图 5-9　是否检验刹车的分布图

由图 5-9 可知,经常检验和偶尔检查刹车的使用者占到将近 90% 的比例,说明大部分使用者关注电动自行车本身的安全状况,这有利于减少交通事故。

2) 不安全行为分布

对发生不安全行为的频度进行了赋值:1—经常有;2—偶尔有;3——一般没有;4—几乎没有;5—完全没有。

根据问卷选项赋值含义,得分越低,说明不安全行为发生的频率越大。由表 5-12可知,得分低于 3 的有行为 1、5、7、8、9、11、12,说明这些行为发生的频率较大。

表 5-12　各种不安全行为发生频率表

行为	1	2	3	4	5	6	7	8	9	10	11	12
得分	2.50	3.37	3.12	3.20	2.85	3.11	2.89	2.80	2.86	3.01	2.78	2.14

3) 不安全行为态度

表 5-13 中 1~7 分别代表一个方面的态度问题,同时对态度选项进行了赋值:1—非常同意;2—同意;3——一般;4—不同意;5—非常不同意。由表 5-13 可知,态度题项 3(我有上述的某些骑行行为,我认为是我的习惯,平时没有过多注意)和 4(我虽然有上述的某些骑行行为,但我认为别人不会以异样的眼光看我)得分最低,说明电动自行车使用者比较赞同这两种观点。

表 5-13　对不安全行为态度的频率分布

态度	1	2	3	4	5	6	7
得分	3.29	3.36	2.55	2.65	3.15	3.09	3.10

5.2.2　建模方法与过程

1. 研究方法

1）调查问卷设计

根据计划行为理论所设计的调查问卷分为 5 个维度，分别测量电动自行车骑行者不安全行为、不安全行为的意向、对不安全行为的态度、主观规范、知觉行为控制等变量，每个变量对应一个维度，每个维度有不同数量的项目。

（1）不安全行为。该维度罗列了 12 种主要的不安全行为，要求被调查者回答在过去的一段时间发生这些行为的频率，采用（经常有、偶尔有、一般没有、几乎没有）四等级语意区分法来测量不安全行为发生频率，计分方式采用＋1 至＋5 单极计分法。

（2）不安全行为意向。测量电动自行车骑行者在未来的一段时间发生不安全行为的可能程度，问卷同样罗列了 12 种不安全行为，采用（非常可能-非常不可能）两极化五等级的语意区分法来测量不安全行为意向的可能程度，采用－2 至＋2 两极计分法。

（3）对不安全行为的态度。包括结果信念和结果评价两个指标。结果信念测量电动自行车使用者对不安全行为导致的某些正、反面结果的信念，采用（非常同意-非常不同意）两极五等级语意区分法来测量此结果信念的可能程度。结果评价测量电动自行车使用者对不安全行为导致的某些正反面结果的评价，采用（非常好-非常不好）两极化五等级语意区分法测量对此结果评价的好坏程度。以上两部分均采用＋2 至－2 的两极计分法。

（4）主观规范。包括规范信念和依从动机两个指标。规范信念测量重要参考对象（家人、朋友等）对电动自行车骑行者应不应该发生不安全行为的信念，采用（非常愿意-非常不愿意）两极化五等级的语意区分法来测量。依从动机测量电动自行车骑行者对重要的参考对象意见的服从程度，采用（非常反对-非常同意）两极化五等级语意区分法。

（5）知觉行为控制。包括控制信念和发生频率，分别测量电动自行车骑行者对某些因素、状况或时机是否会阻碍或促进他发生不安全行为的可能程度及其发生强度，分别采用（非常可能-非常不可能）与（绝对会-绝对不会）两极化五等级语意区分法来测量。

同时，问卷中还包含了电动自行车骑行者的一些统计学项目，如性别、年龄、学历、职业等。

2）研究方法

根据计划行为的基本理论，电动自行车使用者对不安全行为的态度、主观规范、知觉行为控制影响使用者发生不安全行为的意向，并最终导致使用者在骑行过程中发生不安全行为。基于此理论根据标准量表设计调查问卷。

应研究本身的需要,根据调查问卷的统计情况,将态度分为正面态度和反面态度,主观规范分为家人类、朋友同事类、交警专业人士类,知觉行为控制分为环境类和人为控制类。通过计算各指标的相关关系矩阵确定其相关性。为了描述各个维度之间的关系进而验证是否符合计划行为理论的假设,考虑到结构方程可以在估计模型参数的同时计算模型的整体拟合程度,所以选择结构方程建模,并运用 LISREL 软件进行分析。

2. 研究过程

运用 SPSS 17.0 和 LISREL 软件对调查的数据进行统计分析处理,首先对 5 个维度中的 9 个指标进行相关分析,得出相关关系矩阵(表 5-14)。基于计划行为理论建立电动自行车不安全行为模型,运用 LISREL 软件中的全模型功能进行验证(图 5-10)。

表 5-14　安全指标相关关系矩阵

		行为意向	行为	行为态度		主观范围			知觉行为控制	
				正面态度	反面态度	家人类	朋友同事类	交警专业人士类	环境控制	人为控制
行为意向		1.00								
行为		0.626	1.00							
行为态度	正面态度	0.444	0.497	1.00						
	反面态度	0.496	0.520	0.833	1.00					
主观规范	家人类	0.414	0.359	0.379	0.377	1.00				
	朋友同事类	0.463	0.400	0.360	0.414	0.799	1.00			
	交警专业人士类	0.438	0.403	0.383	0.389	0.794	0.823	1.00		
知觉行为控制	环境控制	0.633	0.508	0.383	0.411	0.309	0.353	0.342	1.00	
	人为控制	0.624	0.508	0.377	0.430	0.332	0.378	0.365	0.817	1.00

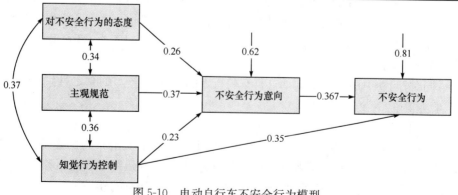

图 5-10　电动自行车不安全行为模型

经计算可得模型的拟合指数为

$$自由度=21, \chi^2=50, RMSEA=0.065, NNFI=0.97,$$
$$CFI=0.98, GFI=0.97, AGFI=0.97, RMR=0.027$$

可见拟合指数良好,研究假设成立。说明电动自行车骑行者对不安全行为的态度、主观规范和知觉行为控制可以通过不安全行为意向的中介对不安全行为的发生产生预测作用。

3. 结果和讨论

1) 模型结果分析

(1) 行为态度。根据建立的模型,诸如在机动车道行驶、逆向行驶和酒后骑行电动自行车等不安全行为的发生与电动自行车骑行者对不安全行为的态度有关,态度变量提升 1 个单位则行为意向变量将提升 0.33 个单位。如果骑行者对不安全行为造成结果发生的可能性有正确的预测,对结果严重程度有正确的评价,产生不安全行为的意向会变少,相应不安全行为发生的概率也会随之降低;一旦骑行者对这种不安全行为表现出肯定的态度,那么他实施这种行为的可能性会增大。因此,提升电动自行车骑行者对不安全行为的认知程度有利于电动自行车交通安全性的提升。

(2) 主观规范。电动自行车骑行者所感知到的社会压力对其不安全行为的发生有重要作用,主观规范变量提升 1 个单位则不安全行为意向变量将提升 0.26 个单位,如果家人、朋友、同事等社会系统认为一种行为是不安全的,认为骑行者不应该发生这种行为,骑行者在决定是否发生这种行为时感受到了社会压力,从而产生依从这种社会压力的动机,那么他发生这种不安全行为的可能性就降低。数据分析表明,家人在主观规范变量中所占比重最大,说明家庭教育对不安全行为的发生有重要的影响。同时,交警及专业人士也占相当大的比重,说明专业人士在交通安全知识方面的权威性,有助于通过安全宣传教育提高电动自行车骑行者的安全意识。

(3) 知觉行为控制。电动自行车发生不安全行为的意向还与知觉行为控制有关,知觉行为控制变量提高 1 个单位则不安全行为意向将提高 0.23 个单位。准确的知觉行为控制反映实际控制条件状况,因此它可以作为实际条件替代测量指标直接预测行为的发生。模型显示,知觉行为控制变量提高 1 个单位,行为变量将提高 0.35 个单位。当骑行者在不同的控制因素(如自身、环境、他人)下能够正确地评定骑行环境的危险性,并能客观地评价自身的骑行能力,那么在骑行过程中发生不安全行为的可能性就降低。

研究显示,当附近有交警时,发生不安全行为的概率会降低;当道路环境较差或有恶劣天气时,骑行者不容易控制自己的行为,发生不安全行为的概率较高。

2) 行为干预对策建议

计划行为理论不仅可以用来解释和预测行为,还能用来干预行为。应用该理论能够提供形成行为态度、主观规范和知觉行为控制的信念,而这些信念是行为认知和情绪的基础,通过影响和干预这些信念,可以达到改善甚至改变行为的目的。据此,本书从行为信念、规范信念和控制信念3个角度提出电动自行车不安全行为干预对策建议。

(1) 为了使电动自行车骑行者对不安全行为发生可能性及结果严重程度有正确的预测,进而产生正确的态度,安全知识教育应与现实中发生的实例相结合,对发生较多且危害性较大的电动自行车不安全行为应分类进行重点阐述,宜采用图文并茂的形式;为减少负面知觉行为控制因素对不安全行为的影响,安全教育的内容应包含环境适应性部分,以提高电动自行车骑行者对复杂或恶劣交通环境的适应能力。

(2) 在安全教育形式上,由于家人在主观规范变量中占有比例很大,家庭教育应是安全教育的重要组成部分,要使电动自行车骑行者感受到来自家庭成员的压力,通过动之以情的讲解,减少不安全行为的发生;交警及交通专业人士科学合理的讲解对电动自行车骑行者安全意识的提升有重要影响,因此应该加强交警和专业人士组织的安全教育,同时应拓宽教育媒介,利用电台、电视台、报纸、通信、网络等大众媒体开展交通安全宣传和发布有关交通安全方面的信息。

(3) 交通安全教育应具有最广泛的、最普及的特点,将其触角深入到不同社会阶层[24],使社会各界对电动自行车交通安全建立正确的认知体系,形成良好的态度,正确地引导电动自行车安全行驶。

(4) 在短时间提升我国广大交通参与者安全意识并不现实的前提下,加大交通秩序管理力度,对电动自行车的违法行为进行适当的惩罚,当大部分的交通参与者遵守交通法规时,个别的交通参与者在从众心理的驱使下也会减少不安全行为的发生,总体上提高电动自行车交通的安全性。

5.3 电动自行车骑行者视觉搜索特性分析

5.3.1 视觉搜索模式理论

1. 视觉认知行为眼动特征

眼动即眼球的运动,是视觉认知过程最为重要的感官信息来源,因为在人类的资讯处理过程中有80%以上的信息是由视觉认知过程所获得。眼球运动系统为人类一项复杂而敏感的运动单位,透过六对眼动肌肉,可以将眼球移动到我们想注视的位置。眼动实验是一种实时的眼球运动记录实验,在这个实验中可以通过分析各种眼动参数来考察整个认知行为的过程[63]。

1）眼动的基本形式

（1）注视。注视是指将眼睛的中央凹对准某一物体的时间超过 100ms，在此期间被注视的物体成像在中央凹上，获得更充分的加工而形成清晰的像。但注视不等于眼球的静止，注视中常常伴随着三种形式的极为细微的眼动：自发性的高频眼球微颤、慢速漂移和微跳。这些细微眼动是视觉信息加工所必需的信息提取机制。一般认为，慢速漂移使目标逐渐离开中央窝的中心，而由微小跳动纠正这个偏差，以保持正确的注视状态，这就使得被注视物体在视网膜上的成像位置不断发生变换以克服网膜适应导致的视像消失，而眼球震颤则可将刺激信息调制成交流信号以便能穿过视觉通道。

（2）眼跳。眼跳是注视点或注视方位的突然改变，这种改变往往是个体意识不到的。眼跳的速度很快，最高可达每秒 450 度，眼跳的幅度则可以从 2 分度到 20 度。眼跳过程中可以获取刺激的时空信息，但几乎不能形成刺激的清晰像，所以眼跳可以实现对视野的快速搜索和对刺激信息的选择。

眼睛在搜索目标物或驾驶员根据需要将注视点由一个物体转移到另一个物体，或由于周边视野上出现特异的刺激物，视网膜周边部位做出反应，促使眼球转动，从而使注视点对准那个位置时，眼球并不是做平滑移动，而是做跳跃运动。视线先在目标的一部分上停留一下，完成注视后，又跳到另一部分进行注视观察。它突然开始，迅速跳动，又突然停止，循环地一跳一停前进。

（3）追随运动。当被观察物体与眼睛存在相对运动时，为了保证眼睛总是注视这个物体，眼球会追随物体移动。追随运动常常伴随较大的眼跳和微跳，它是由运动目标的速度信息输入到中枢神经系统，眼睛为了追随这个目标而引起的一种连续反馈的伺服运动。

在以下两种情况下眼球作追随运动：一是在头部保持不动的状态下，为了注视一个运动的物体，眼球随之移动，而且移动的速度和方向随物体运动的情况而定；另一种情况是当头部和身体运动时，为了使视线停留在一个固定物体上，眼球作与头部、身体运动相反方向的相应运动。

上述三种眼动方式经常交错在一起，目的均在于选择信息、将要注意的刺激物成像于中央凹区域，以形成清晰的像。眼动可以反映视觉信息的选择模式，对于揭示认知加工的心理机制具有重要意义。研究发现，两眼的跳动几乎完全一致，这为眼动研究提供了诸多便利。

2）眼动参数

利用眼动仪进行心理学研究常用的眼动参数有以下几个[64]：

（1）眼动轨迹。它是将眼球运动信息叠加在视景图像上形成注视点及其移动的路线图，能具体、直观和全面地反映眼动的时空特征，由此判定各种不同刺激情境下、不同任务条件下、不同个体之间、同一个体不同状态下的眼动模式及其差异性。包括注视点、注视点数目和眼动顺序等。

（2）眼动时间。将眼动信息与视景图像叠加后，利用分析软件提取多方面眼动时间数据，包括注视（或称注视停留）时间、眼跳时间、回视时间、眼跳潜伏期、追随运动时间，以及注视过程中的微动时间，包括自发性高频眼球微颤、慢速漂移和微跳时间。同时，可以提取各种不同眼动的次数，主要是在不同视景位置或位置间的注视次数、眼跳次数、回视次数等。这些时间和位置信息可用于精细地分析各种不同的眼动模式，进而揭示各种不同的信息加工过程和加工模式。

（3）眼动方向和距离。在二维和三维空间内考察眼动方向（角度），这方面的信息与视景叠加可以揭示注意的对象及其转移过程，而且可以结合时间因素计算眼动速度。

（4）瞳孔大小与眨眼。瞳孔大小与眨眼也是视觉信息注意状态的重要指标，而且与视景结合可以解释不同条件下的知觉广度或注意广度，也可以揭示不同刺激条件对注意状态的激发。

眼动的时空特征是视觉信息提取过程中的生理和行为表现，其与心理活动直接或间接的关系是奇妙而有趣的，这也是 100 多年来心理学家致力于眼动研究的原因所在。

2. 视觉搜索模式

1）基本概念

视觉搜索是一种复杂的认知过程，是人获取外界信息进而进行加工的一种重要方式。视觉搜索一般要求在某一刺激背景中找出特定刺激，具有较强的目的性。从外显的行为看，视觉搜索是通过一系列的眼跳与注视获取外界的刺激信息，从而完成信息加工[65]。

2）视觉搜索过程

骑行者为了出行安全，需要获取道路交通环境中关于危险和潜在危险的信息，注意和观察交通场景中恰当的位置。从另一个角度讲，骑行者通过对不同目标的注视来观察交通场景，通过场景中的扫视来确定感兴趣的目标进行注视，完成信息获取。

人扫视时不获取任何信息，但可以在各个注视点间进行切换。只有通过注视才能获得目标的信息，骑行者在驾驶车辆时，可以通过注视获得有关路况、交通信息、速度等有关信息，通过扫视来判断交通环境中是否有需要进行加工的目标。由于信息储存的存在，前一个注视目标对后一个注视目标是有影响的。

综上所述，一个视觉搜索过程可以间接地表述为从一个目标（注视点）通过眼跳至下一个目标（注视点）的过程。简单地说，就是从一个注视点开始，通过眼跳来搜索目标,以搜索到想要获取信息的目标为结束,即下一个注视点,如图 5-11 所示。

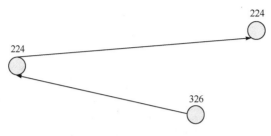

图 5-11　视觉搜索过程示意图

3）模式分类及表征参数

骑行者的视觉搜索模式是一种选择性的注意方式,而注意的搜寻和注意的选择是骑行者典型的视觉搜索模式。注意的搜寻体现在视觉搜索行为中,可以用眼动时间和视角分布等参数表征;注意的选择体现在搜索策略中,可以用注视持续时间和注视点分布等参数表征。

（1）注意的搜寻。注意的搜寻就是基于眼球运动方式中扫视和注视的视觉搜索行为。在视觉搜索中,眼睛除所注视的目标外,还能看见一定空间范围内的物体,这种所能看见的空间范围就是视野。头部和眼球保持不动时所能看到的空间范围称之为静视野。视野范围内的视力称为周边视力,这是中央凹以外视网膜的功能。通过眼动仪测量的视觉搜索行为指标主要有:

① 眼动时间。眼动时间是骑行者在骑行过程中观察不同目标的时间,根据眼动时间长度的不同,将眼动时间分为注视时间和扫视时间,一般的研究认为时长大于 100ms 的眼动时间为注视时间,小于 100ms 的眼动时间为扫视时间。眼动仪可以测量整个实验过程中骑行者观察不同目标的时间,为眼动时间的时长总体分布区间和频率分布提供数据基础。

② 眼动视角。眼动视角包括垂直方向和水平方向的视角,这两个参数描述的是骑行者注视某个目标时,眼球相对于头部在水平方向和垂直方向转动的角度。结合人体眼球结构,本实验测量所使用的眼动仪在水平和垂直方向可测得的转动角度范围是 ±20°。

（2）注意的选择。注意的选择就是视觉搜索中采取的策略,是一种信息处理的策略。视觉信息搜索建立在认知过程的基础上,搜索过程取决于眼球的运动,而眼球运动则完全由驾驶员的个人意志决定,并且随中央视力和周边视力搜索信息的变化而更新。信息搜索的目的是确定交通环境的某些特征,从而正确操纵车辆,骑行者的信息处理模式如图 5-12 所示。

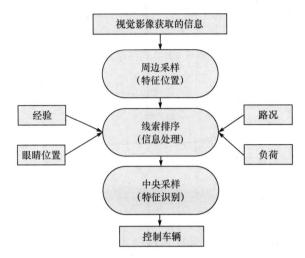

图 5-12　骑行者信息处理模式

视觉搜索策略的表征参数主要有：

① 注视持续时间。注视持续时间是指在注视时,视轴中心位置保持不变的持续时间,以毫秒计。注视持续时间代表着处理与危险相关的信息所花费的时间,反映的是提取信息的难易程度,也就是从所注视的目标上提取信息所用的时间,同时也是注视区域信息内容和主观信息处理策略的度量标准。

长时间的注视反映出观察者花费了更长的时间来解读被视对象,或者将显示的被注视对象与其内在的含义相联系起来。但是对观察者而言,需要长时间注视的目标物并不一定比注视持续时间短的目标物更有意义。

② 注视次数。注视次数也称为注视点的数目。在视觉搜索中,注视次数与观察者所需要处理信息的数目有关系,而与所需处理信息的深度无关。如果将驾驶员观察的区域进行划分后,在某区域中一旦观察者搜索到其兴趣所在,那么被试者就会频繁地对其进行注视,注视点数目就反映了视觉区域中兴趣点的数目;信息比例高的区域,产生的注视频率也很高。分区域的注视次数是衡量搜索效率的一个指标,也是区域重要性的衡量指标,区域越重要,注视次数越多。

通过眼动实验中眼动仪记录的眼动时间和眼动角度,可以提取出注视点的数目、分布位置、注视持续时间和注视顺序,用来表征视觉搜索采取的策略,即注意的选择。

5.3.2　实验方案设计

1. 实验目的

描述并分析电动自行车骑行者眼动参数,分析不同实验路段电动自行车骑行者视觉搜索模式的差异性。

2. 实验思路

电动自行车骑行者在骑行过程中,信息处理是基础,只有在掌握可靠信息的基础上,才能够避免感觉器官(眼睛)获取信息不足和漏掉必要信息,甚至获取错误的信息,从而避免做出错误的决策和反应,减少道路交通事故的发生。

本实验考虑不同类型路段对骑行者视觉搜索策略的影响,选择一定距离、交通环境复杂的城市路段(机非混行、行人非机动车混行、机非隔离等条件),让骑行者按照正常的习惯和车速驾车通过,并配合眼动议进行测试。

3. 实验仪器

实验使用的仪器是德国 SMI 产 IVIEW X HED 头盔式眼动仪,如图 5-13 所示。其工作过程是用红外光源照亮受试者眼睛,红外摄像头摄取受试者眼睛的视频图像,摄像头输出信号经过 MPEG 编码后送入计算机进行图像数据采集分析,实时计算出眼珠的水平和垂直运动的时间、位移距离、速度及瞳孔直径、注视位置的数据。

笔记本电脑　　　　　　　　　头盔镜头组件

图 5-13　IVIEW X HED 头盔式眼动仪

在测试过程中,被测者头戴头盔,头盔上装有半反半透镜和红外摄像头,被测者目光透过眼前的半反半透镜注视物体图像,一部分光线反射到摄像头被记录下来,从而确定眼珠和瞳孔的位置,计算出眼珠的水平和垂直运动的时间、距离、速度及瞳孔直径。另一个摄像头摄取被测者注视的物体图像并确定注视位置。摄像机追踪虹膜和瞳孔上的角膜反射对头部相对运动进行补偿。摄像机每秒采集 50 帧图像。

仪器具有自动校准功能,校准时受试者将视线分别集中于几个事先设定好的点上,仪器将自动探测到这些点并校准。当受试者头部甚至全身都在运动时,头部运动传感器亦可对其误差进行修正,从而得到精确的实测数据。操作者可利用 IVIEW X Pc 计算机控制实现系统的多种功能,如眼动、视觉刺激、数据采集等程序。眼动仪操作界面如图 5-14 所示。

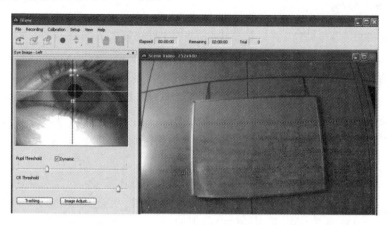

图 5-14　眼动仪操作界面

IVIEW X 眼动仪采用了红外式照相机定位于瞳孔并由此计算中心点和瞳孔直径,并可对瞳孔运动的轨迹及角膜相对于虹膜的折射进行捕捉并加以补偿。因此,该仪器的瞳孔测量可达到相当高的精度。

4. 实验方案

1) 实验路线和环境

实验路线选择东南大学交通学院出发经过进香河路到学府路再到丹凤街,进入珠江路到太平北路转向学府路再到进香河路回到交通学院,具体线路如图 5-15 所示。

选择无降雨、无雾的晴朗天气进行实验,但避免阳光充足的时间段,以免摄像时因光线太强而造成拍摄的录像曝光。

2) 实验对象

本实验选取的电动自行车骑行者人群包括新手和熟练骑行者,两类人群男女比例相当,包含 20~50 岁人群。实验数据分析部分不考虑人群差异性,只考虑道路环境对眼动参数的影响。

3) 实验过程

(1) 设置起止点,带领测试者通过地图熟悉行驶线路。

(2) 眼动仪的安装调试。

(3) 眼动仪标定:测试者就座并正确佩戴好眼动仪,按照仪器的操作要求,向测试者讲明注意事项,然后使用眼动仪测量程序进行标定,需进行 5 点校正。

(4) 开始实验:测试者启动电动自行车,同时眼动仪开始记录,到达实验路线终点,眼动仪停止记录。

图 5-15　眼动仪实验线路

（5）保存实验数据：按照预先设定的文件编号，输入文件名，保存实验数据。

（6）数据检查：利用眼动仪数据分析程序，查看数据是否完整并符合实验的要求，若数据不完整或不符合实验要求，回到步骤（3）重复实验。

（7）做完实验的测试者填写信息调查表。

（8）更换测试者，从步骤（3）开始下一次实验。

4）实验注意问题

（1）安全问题：实验路段比较复杂，佩戴眼动仪后影响部分骑行行为，测试者中包含新手，容易产生安全问题。

（2）眼动仪的标定问题：在校正过程中，如果测试者眨眼，则无法精确标定，测试者过于紧张也不能以正常状态通过标定步骤。

（3）骑行过程中的问题：骑行过程中测试者佩戴的眼动仪头盔位置容易变动，出现校正点位置偏差，导致实验数据不准确。

5.3.3　实验数据采集与分析

通过眼动仪所得图像，即将眼球运动信息叠加在视景上的图像，对图像中眼动时间和视角区域分布的注视点位置，以及图像中的周围交通环境和交通参与者信息，利用视频处理软件进行处理，将选定的视频保存为逐帧图像进行分析。利用统计学方法对眼动时间、视角分布、注视持续时间、注视点分布进行分析。视频处理软件操作界面如图 5-16 所示。

图 5-16　视频处理软件操作界面

1. 眼动时间分析

通过对处理后图像的分析,可以直接得到骑行者在骑行过程中观察不同目标的眼动时间。

1) 总体眼动时间分析

图 5-17 显示电动自行车骑行者通过实验路段时眼动动时间的总体分布。眼

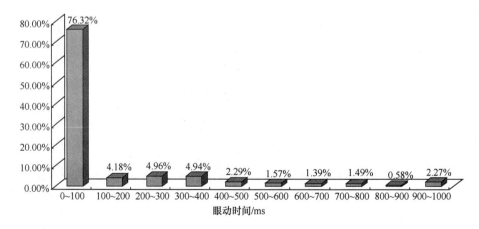

图 5-17　总体眼动时间分析

动时间分布范围在 0～1000ms,其中 0～100ms 区间是眼动时间的主要分布区间,占总体的 76.32%,这一部分为扫视时间;超过 100ms 的眼动时间为注视时间,占总体的 23.68%,注视时间主要分布在 100～400ms。

　　进一步分析可知,骑行者在不同的道路环境中眼动时间分布都是不均匀的,但都主要分布在 0～1000ms;0～100ms 在所有眼动时间中比例最高,说明骑行者在骑行过程中进行视觉搜索时,不是以注视运动为主,而是以扫视为主,即骑行者在观察某一目标时,在目标停留片刻就转移视线。

　　2) 不同道路条件下眼动时间分析

　　我国的电动自行车骑行环境复杂,典型的骑行环境包括机非隔离、机非混行和人非混行。道路环境不同,骑行者眼动参数也不同,图 5-18 显示了不同道路环境下的眼动参数。从图中可以看出,机非隔离环境下骑行者的注视时间比例为28.13%,高于机非混行、人非混行的 22.10%、21.77%,并且机非隔离环境下注视时间超过 400ms 的比例比其余两者高。

　　进一步分析可知,机非隔离环境下,电动自行车骑行轨迹较单一,不会与行人和机动车产生混合交通流,需要关注并分析的事物少,因此注意的搜寻扫视时间也少,注视前面骑行者的时间较多;在其余两种环境下,交通流组成复杂,骑行者要时刻注意行驶的机动车和随时出现的行人,所以扫视时间多,注视到某一点的时间较少。

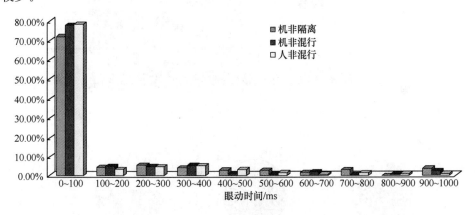

图 5-18　不同道路环境眼动时间

2. 视角分布

1) 视角区域划分

　　本书参照 Victor 的区域划分方法,对眼动轨迹位置平面分布图的正方形区域进行划分。在水平方向上,将 -20°～-10°区域定义为左边侧区域,10°～20°区域定义为右边侧区域;将中间从左下角(-10,-10)点到右上角(10,10)点所覆盖的

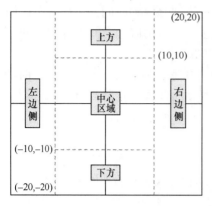

图 5-19 视角区域划分

20×20 的正方形作为道路中心区域；中心区域又将垂直方向区域分隔成上方和下方，如图 5-19 所示。将图 5-19 与注视点及其移动的路线图叠加在视景图像上的眼动轨迹显示图（图 5-20）相对照，则左边侧区域包含了机动车道和对向车道，右边侧区域包含了人行道；下方对应的是观察的近处，中心区域和上方对应的是观察的远处。

2）水平视角分析

根据眼动仪数据整理的不同道路环境水平视角分析如图 5-21 所示，分析可得到以下结论：

图 5-20 视景图像上眼动轨迹显示

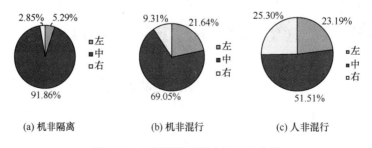

(a) 机非隔离   (b) 机非混行   (c) 人非混行

图 5-21 不同道路环境水平视角分析

（1）三种道路环境下电动自行车骑行者的水平方向视角主要集中在中心区域，比例从 51.6% 到 91.8% 不等。

（2）机非隔离环境中,骑行者关注中心区域的比例占到总体的 91.8%。这是一种非机动车与机动车、行人完全隔离的环境,骑行者只需要关注前方非机动车的行驶路线与速度,不需要特别关注左右两侧的机动车和行人就可以保证安全。

（3）机非混行环境中,骑行者关注中心区域的比例占到总体的 69%,关注左侧和右侧分别占到 21.6% 和 9.31%。这种环境下,骑行者要分出部分精力关注左边行驶的机动车和道路右边的停车和行人。由于机动车行驶比较规范且电动自行车只靠近机动车右边车道行驶,故关注正前方的非机动车仍是主要任务。

（4）人非混行环境一般是道路条件较差、无法严格将人行道和自行车道区分的状况,这时行人和非机动车混杂通行,交通组成复杂,电动自行车骑行者需要关注的事物较多,注视点在水平方向上的分布也较平均。

3）垂直视角分析

根据图 5-19 中区域的划分,垂直方向上分隔成下方、中心区域和上方。下方对应的是近处;中心区域部分对应近处,部分对应远处;上方对应的是远处。图 5-22 显示不同道路环境下电动自行车骑行者垂直视角的分布情况。

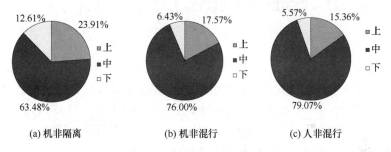

图 5-22　不同道路环境垂直视角分析

从图 5-23 中可以看出,在三种不同的环境中电动自行车骑行者垂直视角分布表现出相近的趋势:关注中心区域占据大部分比例,其次是关注上方,关注下方所占比例最小,平均不到 10%。这说明骑行者关注近处车道的时间较少,绝大多数时间在关注前方近处或远处行驶的行人,在交叉口处关注视野上方信号灯的时间较多。

3. 注视持续时间

注视持续时间是提供给骑行者注视区域内信息内容和主管信息处理策略的度量标准,为了分析不同道路环境中骑行者注视持续时间的差异性,将骑行过程中的眼动时间大于 100ms 的注视持续时间,汇总到表 5-15。

表 5-15　不同道路环境骑行者注视持续时间比例　　　（单位:%）

注视持续时间/ms	100～200	200～300	300～400	400～500	500～600	600～700	700～800	800～900	900～1000
机非隔离	15.56	19.56	14.67	10.22	9.93	5.93	10.81	0.00	13.33
机非混行	22.41	21.80	24.06	4.21	3.01	8.72	1.50	3.46	10.83
人非混行	14.95	21.57	24.04	14.64	6.93	2.93	6.47	4.01	4.47
平均	17.65	20.97	20.86	9.65	6.64	5.88	6.28	2.46	9.60

分析可知,机非混行和人非混行环境中注视持续时间主要集中在 100～500ms,相同行驶时间下注视点数量较多;机非隔离环境下注视持续时间的分布比较平均,注视持续时间高于 500ms 的注视点也频繁出现,相同行驶时间下注视点数量较少。

当行驶环境较单一时,骑行者容易盯住前面行驶的非机动车或周围的景物,不需要频繁关注过往车辆和行人,这种情况下注视点较少,平均注视时间较长。当行驶环境嘈杂时,骑行者要不断在关注对象上扫视和注视,无法长时间去关注一个对象,所以注视点较多,平均注视时间也较短。

4. 注视点分布

运用视频处理软件对所获得的视频进行处理。每秒钟分为 30 帧,则持续 100ms 的 t 值意味着至少有 3 个连续的录像画面都包含落在 $1°×1°$ 区域内的注视点,才能被统计为一个注视点。本实验中,总共分析了 913 个注视点,其中机非隔离下 302 个,机非混行下 297 个,人非混行下 314 个。因为所处路段不同,比较总的注视点个数没有意义,分析重点是注视点分布规律。

1) 远处和近处注视点分布

图 5-23 显示了不同道路环境下骑行者远处和近处的注视点分布情况,从图中可以看出,机非隔离环境下远处注视点的比例远远高于近处注视点;后两种环境下,近处和远处的注视点分布比例相差不大。

机非隔离环境中,由于非机动车流的离散性较大且电动自行车骑行轻松,骑行者有一大部分时间将精力集中在前方远处行驶的非机动车,小部分时间关注近处的道路环境和车辆,因此远处的注视点所占比例要高。

机非混行和人非混行条件下,骑行者要同时注意远处和近处突然出现的机动车和人群,因此远处和近处的注视点分布比例相当,远处注视点数量稍高于近处。

2) 注视对象分布

不同的道路环境下,骑行者关注的对象也不相同。本书将电动自行车骑行者关注对象分为:

（1）交通设施:直接与道路相关的对象,影响行驶的路边环境（交通标志、护栏

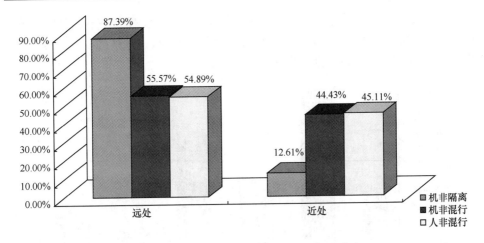

图 5-23 不同道路环境远处和近处注视点分布

等)和道路的各组成部分(平面上的转弯和纵断面上的变坡、交通标志、路面不平整度、交叉口及道路的连接和分叉等)。

（2）同向非机动车：近处、远处及身后同向行驶的自行车和电动自行车。

（3）行人：包括人行道行走、横穿机动车道和自行车道的行人。

（4）机动车：同向、对向及交叉口拐弯的机动车。

（5）景物及其他：与道路交通没有直接关系的对象，如令人注目的有关建筑物和广告牌、路肩上的物体、路旁的丛生植物、周围的景观、天空等。

（6）对向非机动车：自行车道逆向行驶的自行车和电动自行车，设置这项的原因是在某些环境中非机动车逆向行驶现象比较严重。

图 5-24 显示了在机非隔离环境下，电动自行车骑行者注视点在不同对象上的分布。其中同向非机动车和交通设施占的比例最多，两者合计接近 60%，在这种道路环境下，骑行者只要关注同向行驶的非机动车和道路的护栏、路缘石、信号灯等设施就可以保证安全，所以对其他几类对象关注较少。

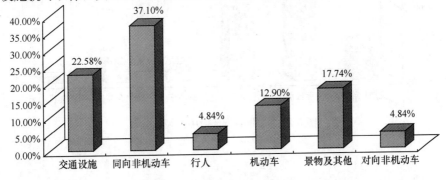

图 5-24 机非隔离环境注视点分布

　　图 5-25 显示了机非混行环境中,电动自行车骑行者注视点在不同对象上的分布。其中,同向行驶非机动车仍是骑行者主要关注对象,占总体的 37%;其次是机动车,占总体的 20.7%;其余各项所占比例较低。

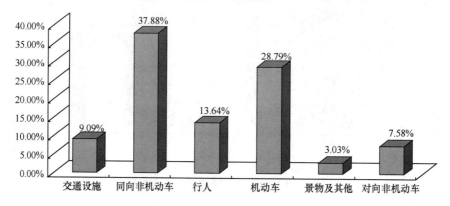

图 5-25　机非混行环境注视点分布

　　在这种环境中,机动车是电动自行车骑行安全的最大威胁,同时骑行者只要跟随前面行驶的非机动车轨迹,通常就不会与机动车产生大的冲突。所以,同向非机动车和机动车的注视点分布比例较高。

　　图 5-26 显示了行人和非机动车混行环境中骑行者注视点的分布,同向非机动车仍是关注比例最高的对象,其次是行人和交通设施,分别占到 25% 和 11%,其余各项所占比例较低。人非混行环境中,非机动车和行人是影响电动自行车通行安全的主要因素,骑行者对两种对象的关注最多。

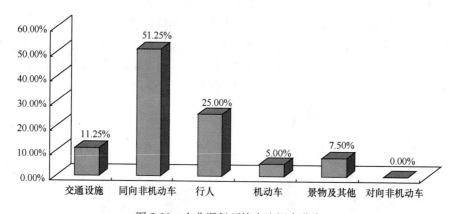

图 5-26　人非混行环境中注视点分布

5.3.4　结果与讨论

1. 实验结果分析

通过眼动仪实验,获得了不同道路环境中骑行者的眼动参数,进而对电动自行车骑行者的视觉搜索策略进行分析,得到以下结论:

(1) 骑行者在不同的道路环境中眼动时间分布都是不均匀的,主要集中在 0～100ms 区间,说明骑行者在骑行过程中进行视觉搜索时,不是以注视运动为主,而是以扫视为主,即骑行者在观察某一目标时,在目标停留片刻就转移视线。

(2) 不同的道路环境,骑行者的注视和扫视时间比例不同,环境越嘈杂,不安全因素越多,扫视时间的比例就越大,每个注视点持续时间也越小。

(3) 骑行者视角在水平方向主要分布在中部区域,这与电动自行车骑行环境有关,当环境较单一、车辆较少时,中部区域所占比例最大;当环境嘈杂,不安全因素较多时,左右侧的视角分布增多。在垂直方向上,骑行者的视角同样主要分布在中部区域和上侧区域,当环境复杂、车速较低时,下侧区域所占比例增加。

(4) 不同道路环境中,骑行者的注视点的持续时间集中在 100～500ms。道路通行条件越好,平均的注视时间越长,道路环境越嘈杂,平均注视时间越短。

(5) 电动自行车骑行者在道路环境较单一时,更容易关注远方的对象;当道路环境嘈杂时,骑行者优先关注近处的对象。

(6) 电动自行车骑行者的注视点主要集中在对骑行安全有影响的对象上,包括交通设施和交通参与者。当道路交通设施及交通组织不合理时,骑行者因关注过多的不安全因素,认知和判断要求超过视觉搜索的极限,无法对突然出现的对象作出反应,容易造成事故。

(7) 骑行过程中,骑行者更倾向于关注前方行驶的非机动车,跟随前方运动轨迹骑行。但是电动自行车车速快,超越自行车的行为较多,且电动自行车正常骑行中噪声小不易被发觉,超车行为容易造成事故。

2. 管理对策建议

1) 路段交通设计

交通流的组成越复杂,交通运行越不稳定,越容易产生冲突。因此,在有条件的地方应尽量将非机动车和机动车分离,设置合理的自行车道,做到机非分离;合理设置路边停车带,减少对非机动车骑行的影响;有条件的地方应将人行道和自行车道分离,减少电动自行车对行人带来的安全隐患。

电动自行车行驶速度快且噪声较小,超车过程中容易产生交通冲突。交通工程措施方面,可以利用人的视觉错觉,在非机动车路面上设置标线如图 5-27 所示,使骑行者能够注意到自己的车速过快,进而减速行驶。

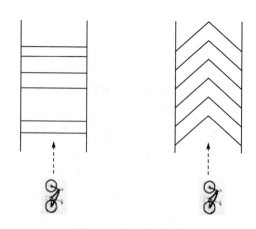

图 5-27　视觉错觉标线

2）车辆设计

过度"机动化"的电动自行车是安全骑行的隐患，根据以上研究也发现骑行者更倾向于注意前方行驶的非机动车，而较少关注身后的车辆。因此，限速要求在车辆设计中至关重要，可以在电动自行车上安装超速提示装置如车载信号灯，在16km/h 速度档位时给电动自行车骑行人以视觉或感觉上的提示，在 20km/h 速度档位时给予信号闪烁并伴随声音警示效果以起到警示作用。这样不仅可以给电动自行车使用者提个醒、给其他交通参与者以提示，也为交通管理者判断车辆是否超速提供便利。

第6章　非机动化交通参与者交通行为安全性评价方法

6.1　交通行为安全性评价指标概述

6.1.1　指标选取原则

1. 目的明确性

所选用的指标目的应该非常明确。从评价的内容看,所选指标应该确实能反映交通行为安全性内涵,不能选择与评价对象、评价内容无关或者关系很小的指标。

2. 科学性

指标体系中各指标以及涉及的各种交通参数的概念、符号、公式的表述应建立在科学的基础上,力求准确无误,达到概念明确、测定方法标准、计算方法规范。

3. 可比性

指标体系中的各指标、各种参数的内涵和外延保持稳定,用以计算各指标相对值的各个参照值(标准值)不变。可比性原则包括指标之间的纵向比较和横向比较。纵向比较是指同一对象不同时期的比较,可用于同一对象不同时期交通行为的比较;横向比较是指不同对象之间的指标比较,可用于同一时期不同对象交通行为的比较。

4. 全面性

选取的指标应该尽可能覆盖所评价的所有内容,如果有遗漏,评价往往会出现偏差。

5. 动态导向性

能根据实际需要进行指标数量和参数上的修改。

6. 客观性

所选指标应该能够保证评价指标体系的客观公正,以保证数据来源的可靠性、准确性和评估方法的科学性。

7. 实用性

判定指标体系要简繁适中,计算方法简便易行,在基本保证判定结果的客观性、全面性的条件下,指标体系应尽可能简化,减少或去掉一些对判定结果影响甚微的指标。

8. 可量测性

选取的指标要便于量测与量化。

6.1.2 评价指标分类

分为一级指标和二级指标。其中,一级指标分为:固有基本特征、交通安全意识、习惯性交通行为、受激性交通行为、自我控制能力。各个一级指标所对应的二级指标如下(图 6-1)。

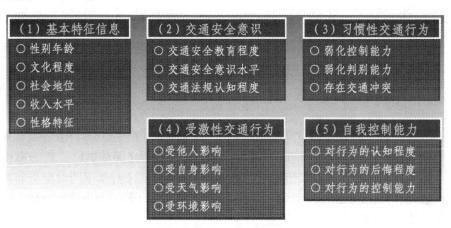

图 6-1 评价指标分类图

1. 固有基本特征

固有基本特征的二级指标可分为:①性别年龄;②文化程度;③社会地位;④收入水平;⑤性别特征。

2. 交通安全意识

交通安全意识的二级指标可分为:①交通安全教育程度;②交通安全意识水平;③交通法规认知程度。

3. 习惯性交通行为

习惯性交通行为是指交通参与者的一种习惯性不安全交通行为,其二级指标可分为:①弱化控制能力;②弱化判别能力;③存在交通冲突。

4. 受激性交通行为

受激性交通行为是指交通参与者在特定情况下所产生的不安全交通行为,其二级指标可分为:①受他人影响;②受自身影响;③受天气影响;④受环境影响。

5. 自我控制能力

自我控制能力是指交通参与者行为与意识之间的关联程度,其二级指标可分为:①对行为的认知程度;②对行为的后悔程度;③对行为的控制能力。

6.1.3　评价指标筛选

以上的评价指标是以不同交通方式为分类依据的,考虑到交通行为安全性评价系统使用时是以使用单位为分类标准,因此,在进行最后的系统集成时需将以上分类指标按使用单位所需要的交通参与者对象进行重新组合。同时,考虑到不同年龄、不同性别的人有不同的交通行为,在进行后续数据处理时,可对适用于考虑对象的行为进行筛选,以使评价指标更为合理。

6.2　交通行为安全性评价指标获取方法

6.2.1　量表分析方法

调查问卷的编制可借鉴普通量表的编制方法,其主要由编拟预试问卷、预试、整理问卷与编号、项目分析、因素分析、信度分析和再测信度等部分构成。

1. 编拟预试问卷

编拟预试问卷是指根据研究目的,参考相关资料,编制出适合于本研究课题的问卷。但是该问卷只是初步的设计成果,需要通过后续的步骤进行检验与调整。

问卷编制时采用李克特式量表法进行编制。

2. 预试

预试问卷编制完成后,需进行预试,以检验问卷的合理与否。预试对象的性质应与将来正式问卷要抽取的对象性质相同。

3. 整理问卷与编号

对预试问卷进行回收，并删除数据不全或不诚实填答的问卷。筛选完之后对问卷加以编号，以便将来核对数据之用；之后再给予各变量、各题项一个不同代码，并依据问卷内容，有顺序地键入计算机。

4. 项目分析

项目分析的目的在于求出每一个题项的决断值（critical ratio，CR），其求法是将所有应试者在预试量表的得分总和依高低排列，以测验总分最高的 27% 及最低的 27% 作为高低分组的界限。如果题项的 CR 值达显著水准（$p < 0.05$ 或 $p < 0.01$），即表示这个题项能鉴别不同受试者的反应程度，这是决定是否删除各题项时首先应考虑的。

5. 因素分析

项目分析完后，为检验量表的建构效度，应进行因素分析。所谓建构效度指态度量表能测量理论的概念或特质的程度。因素分析的目的在于找出量表潜在的结构，减少题项的数目，使之变为一组数量较少而彼此相关较大的变量，此种因素分析方法是一种"探索性的因素分析方法"。

6. 信度分析

因素分析完成后，继续要进行分析的是量表各层面与总量表的信度检验。所谓信度，就是量表的可靠性或稳定性，在态度量表法中常用的检验信度的方法为 L. J. Cronbach 所创的 系数，其公式为

$$\alpha = \frac{K}{K-1}\left[1 - \frac{\sum S_i^2}{S^2}\right]$$

式中：K——量表所包括的总题数；

S_i^2——每个测验题项总分的变异量；

S^2——检验量表总分的变异数。

7. 再测信度

再测信度是指以正式量表对同一组受试者前后测验两次，根据受试者前后两次测验分数得分，求其积差相关系数。

综上所述，量表编制构建的流程图如图 6-2 所示。

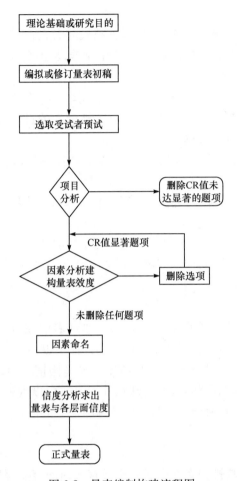

图 6-2　量表编制构建流程图

6.2.2　评价指标对应量表设计

1. 固有基本特征

该类指标中,行人、自行车骑行者、电动自行车骑行者的问卷内容相同。

1) 性别年龄

该指标主要评测被测者的性别及年龄特征,反映被测者在生理上面对突变情况的应变能力。其对应的问题为:

(1) 性别:①男;②女。

(2) 年龄:①12 岁以下;②12~18 岁;③19~25 岁;④26~30 岁;⑤31~35 岁;⑥36~40 岁;⑦41~50 岁;⑧51~55 岁;⑨56 岁以上。

(3) 是否结婚:①已婚;②未婚。

2) 文化程度

该指标主要评测被测者的文化程度,反映被测者在接受交通法规教育方面的能力。其对应的问题为:①初中及以下;②中专或高中;③大专或本科(含在读);④硕士及以上(含在读)。

3) 社会地位

该指标主要评测被测者的社会地位,反映被测者的自信程度以及在出行过程中动作的坚决程度。其对应的问题为:

(1) 职业:①学生;②公司职员;③工人;④公务员;⑤老师;⑥家庭主妇;⑦其他。

(2) 在学校或工作单位的地位:①高层(班干部);②中层;③普通人员。

4) 收入水平

该指标主要评测被测者的年收入水平,反映被测者的自信程度以及在出行过程中动作的坚决程度。其对应的问题为:①2万以下;②2~5万;③5~8万;④8万以上。

5) 性格特征

该指标主要评测被测者的性格特征,反映被测者的在自身行为特征上的性格影响因素。其对应的问题为:①严格要求自己的愿望很强烈,但这种愿望往往被自己的一时冲动所破坏;②对情况处理不够果断,对危险情况的处理常因优柔寡断而坐失良机;③平时工作循规蹈矩,但处理意外情况时会出现顾此失彼、不知所措的情况;④容易发火,情绪变化较大,且工作效率随情绪变化有较大的波动。

2. 交通安全意识

该类指标主要反映被测者在交通安全教育方面的接受程度、掌握程度及自我学习程度。与该类指标对应的行人、自行车及电动自行车的问卷内容有所不同,问题基本上采用李克特五点式量表值进行填答。

1) 交通安全教育程度

该指标主要评测被测者的交通安全教育程度,反映被测者在交通安全教育方面的接受途径、接受程度及自我评价。其对应的问题为:

(1) 所接受的交通安全教育主要来自以下哪方面:①家庭;②学校;③驾校;④社区;⑤电视;⑥报纸;⑦网络;⑧其他。

(2) 是否具有机动车驾驶证或摩托车驾驶证:①有;②没有。

(3) 受到过系统正规的交通安全教育:①有;②没有。

2) 交通安全意识水平

该指标主要评测被测者的交通安全意识水平。以行人为例,所对应的问题为:①斑马线对行人来说是保险线、安全线;②违反交通法规会危及自己的人身安全;

③交通事故会对个人和家庭造成严重伤害；④在判断无危险的情况下，违章也没有关系。

3）交通法规认知程度

该指标主要评测被测者对交通法规的认知程度，反映被测者能否通过交通法规来约束自己。以行人为例，所对应的问题为：①行人不得在机动车道上行走；②过马路到一半而信号灯转为红灯时，应驻足等待信号变绿后再通过；③行人如强行冲红灯而发生交通事故的，应由汽车负全部事故责任。

3. 习惯性交通行为

该类指标主要反映被测者某些习惯性交通行为发生频率的情况。与该类指标对应的行人、自行车及电动自行车的问卷内容有所不同，问题采用李克特五点式量表值进行填答。

1）弱化判断能力的行为

该指标主要评测被测者在日常出行中发生弱化判断能力以影响交通安全的行为的频率。以行人为例，所对应的问题为：①过交叉口时只看右边的来车而忽视左边的来车；②一边听音乐（mp3 等）一边通过交叉口；③一边打手机一边通过交叉口；④因走神而没有注意交通信号；⑤一边聊天一边通过交叉口。

2）弱化控制能力的行为

该指标主要评测被测者在日常出行中发生弱化控制能力从而影响交通安全的行为的频率。以行人为例，所对应的问题为：①嬉戏玩闹着过交叉口；②因绿灯时间即将结束而跑着过马路；③过人行横道的后半段时跑着过马路；④携带重物过交叉口。

3）存在交通冲突的行为

该指标主要评测被测者在日常出行中发生存在交通冲突从而影响交通安全的行为的频率。以行人为例，所对应的问题为：①为了方便或节省时间，在红灯期间穿越交叉口；②在绿灯启亮前提前过交叉口；③在机动车道上行走；④横穿马路时，未从斑马线上通过；⑤在有隔离设施的路段，为了方便而跨越。

4. 受激性交通行为

该类指标主要反映被测者某些受激性交通行为发生频率的情况。与该类指标对应的行人、自行车及电动自行车的问卷内容有所不同，问题采用李克特五点式量表值进行填答。

1）受他人影响的行为

该指标主要评测被测者在日常出行中发生的受他人影响从而影响交通安全的行为的频率。以行人为例，所对应的问题为：①前面有三四个人随意横穿马路时，我也会跟着做；②前面有三四个人集体闯红灯时，我会跟在他们后面走过去；③对于有交警现场管理的地方，我的违反交通法规的行为会减少。

2）受自身影响的行为

该指标主要评测被测者在日常出行中发生的受自身影响从而影响交通安全的行为的频率。以行人为例，所对应的问题为：①心情极其烦躁的时候，我违反交通法规的行为会增多；②由于聚精会神地思考某个问题而没有注意来往车辆；③遇到急事时我会冒险闯红灯。

3）受天气影响的行为

该指标主要评测被测者在日常出行中发生的受天气情况影响从而影响交通安全的行为的频率。以行人为例，所对应的问题为：①天下雨而没带伞时，我会跑着过交叉口；②天气炎热时，红灯期间我也会过交叉口；③雨天因打伞，在过交叉口时不注意来往车辆。

4）受环境影响的行为

该指标主要评测被测者在日常出行中发生的受环境情况影响从而影响交通安全的行为的频率。以行人为例，所对应的问题为：①夜间因车辆稀少而闯红灯；②附近没有来往车辆时，我会在红灯期间通过交叉口；③交叉口红灯时间过长，我会失去耐心等待而过交叉口；④交通比较混乱的时候，我的违反交通法规的行为会增多。

5. 自我控制能力

该类指标主要反映被测者的自我控制能力，通过被测者对习惯性交通行为和受激性交通行为的看法和认知程度以及自身的发生频率来进行测评，问题采用李克特五点式量表值进行填答，并最终通过比选得到指标值。

6.3　交通行为安全性评价体系的建立与分析

6.3.1　评价方法选取

基于前述评价指标的分类方法与特征，经研究，适用于非机动化交通参与者交通行为安全性的评价方法主要有模糊测度方法与 BP 神经网络方法。

1. 模糊测度方法

模糊测度理论（fuzzy measures theory）是模糊数学理论中的一个重要内容，在工程应用中取得了成效。由于行为安全性与非安全性本身就属于主观判断的问题，通常不能回避部分定性指标，而模糊理论正适合于解决具有不确定性或主观认知的问题。

1）基本理论

定义：在论域 Ω 中的单调类 K 上的集函数 g（•）称为模糊测度，如果它满足条件：

（1）$g(\varphi)=0$，$g(\Omega)=1$。

（2）若 $F,F_1\in K,F\subset F_1$，则有 $g(F)\leqslant g(F_1)$。

（3）若 $F_n\uparrow F$，且 $\{F_n\}_{n=1}^{\infty}\subset K$，则有 $\lim_{n\to\infty}g(F_n)=g(F)$。

上述定义是模糊测度的最基本定义，建立在模糊集理论基础之上。

设 (Ω,Γ,g) 是模糊测度空间，$f:\Omega\to[0,1]$ 是 Ω 上的可测函数，$a\in\Gamma$。f 在 A 上关于 g 的模糊积分定义为

$$\mu=\oint f(x)og(g)=\sup_{\lambda\in[0,1]}(\lambda\wedge g(A\cap f_\lambda))$$

$$f_\lambda=\{x\mid f(x)\geqslant\lambda\}\quad(0\leqslant\lambda\leqslant1)$$

式中：f_λ——λ 水平截集，随着 λ 的增加而减小；

μ——模糊集的隶属函数 f 与模糊测度 g 的一种广义内积，反映了主体对客体各因素的隶属度与重视度（模糊测度 g）之间的相容程度，μ 值越大，表示客体的特征同主体对它的要求越接近。

当 $A=\Omega=\{x_1,x_2,\cdots,x_m\}$，且 $f(x_1)\geqslant f(x_2)\geqslant\cdots\geqslant f(x_m)$ 时，记 $\{f(x_l)\}_{l=1}^{n}$，则模糊积分式可写为

$$\mu=\oint f(x)og(g)=\bigvee_{j=1}^{m}(f(x_j)\wedge g(A_j))$$

若取模糊测度 g 为 λ 一模糊测量 $g\lambda$，则有

$$\mu=\oint f(x)og(g)=\bigvee_{j=1}^{m}(f(x_j)\wedge G(x_j))$$

式中：$f(x_j)$ 和 $G(x_j)$ 都是单调函数，其中 $G(x_j)$ 为模糊分布函数，它表示 $g(x_j)$ 的分布状况，$G(x_j)$ 与 $g(x_j)$ 的关系满足：

$$G(x_1)=g(x_1)\quad G(x_j)=G(x_{j-1})+g(x_j)(1+\lambda G(x_{j-1}))\quad(2\leqslant j\leqslant m)$$

当 $\lambda=0$（表示满足简单可加性）时，有

$$G(x_1)=g(x_1)\quad G(x_j)=G(x_{j-1})+g(x_j)\quad(2\leqslant j\leqslant m)$$

模糊积分是定义在模糊测度基础上的一种非线性函数，以模糊测度作为衡量多指标重要程度的基础，它并不需要架设指标间相互独立，在量测方面只要符合单调性就可使用，可被应用于评价指标间不互相独立的情况，适合处理部分具有主观价值判断的评价问题，对定性指标都可采用专家意见，实践中较好操作。

2）评价程序

模糊积分评价中主要有确定评价因子、确定因子权重、构造论域、构造评价函数、进行模糊积分及模糊识别等步骤，其评价流程如图 6-3 所示。

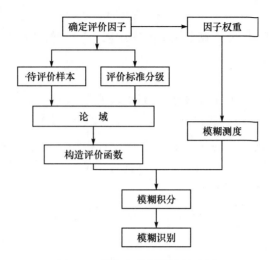

图 6-3　模糊积分评价法流程图

3) 构造评价函数

将待评价的样本和各级评价标准组成论域:

$$X = \{x_1, x_2, \cdots, x_m\}$$

式中,每个元素 x_i 称为论域中的元素。每个元素由几个参与评价的因子(即安全性指标)组成,这样每个元素被视为 n 维空间上的一个点,即

$$x_i = (x_{i1}, x_{i2}, \cdots, x_{in})^{\mathrm{T}} \quad (i=1,2,\cdots,m)$$

式中, $x_{ij}(i=1,2,\cdots,m; j=1,2,\cdots,n)$ ——论域中各元素的评价因子。对论域中的每个元素,各评价因子 x_{ij} 都能给出一个具有单调性和可积性的评判函数 $f(x_{ij})$,这个评价函数 $f(x_{ij})$ 是关于论域中每个元素各评价因子的评分值。针对本次研究的安全性评价,它反应各评价因子关于论域元素间安全性程度的数值表示。为了构造评判函数,首先应使评价因子间具有可比性,为此,需对论域中每个元素的评价因子进行标准化处理:

$$d_{ij} = \frac{x_{ij}}{C_{oj}} \quad (i=1,2,\cdots,m; j=1,2,\cdots,n) \qquad (6-1)$$

式中: d_{ij} ——论域 X 中第 i 个元素第 j 个评价因子的标准化值;

　　x_{ij} ——论域 X 中第 i 个元素第 j 个评价因子的实测值或各级标准值;

　　C_{oj} ——第 j 个评价因子的参考标准。

据此,建立如下可测评判函数:

$$f(x_{ij}) = \frac{d_{ij}}{C(d_{\max} - d_{\min})} \qquad (6-2)$$

式中: $d_{\max}$ ——论域 X 中所有元素各评价因子标准化处理所得值 d_{ij} 的最大值;

　　$d_{\min}$ ——论域 X 中所有元素各评价因子标准化处理所得值 d_{ij} 的最小值;

$f(x_{ij})$——论域 X 中每一元素各评价因子的评判值;

f——论域 X 上的可测评判函数;

C——使 $f(x_{ij}) \in (0,1)$ 的常数。

4) 确定模糊测度

基于论域 X 中每个元素各评价因子的评分值 $f(x_{ij})$ 依大小重新排序,得新顺序 $x_{i1}, x_{i2}, \cdots, x_{in}$,满足 $f(x_{i1}) \geqslant f(x_{i2}) \geqslant \cdots \geqslant f(x_{in})$,则 sugeno-$\lambda$ 模糊测度函数 $g(x_{ij})$ 的计算公式为

$$g(x_{i1}) = g_{i1} \tag{6-3}$$

$$g(x_{ij}) = \frac{1}{\lambda} \left| \prod_{k=1}^{j} (1 + \lambda g_{ik}) - 1 \right| ,(2 \leqslant j \leqslant n-1, -1 \leqslant \lambda \leqslant \infty)$$

$$g(x_{in}) = \frac{1}{\lambda} \left| \prod_{k=1}^{n} (1 + \lambda g_{ik}) - 1 \right| = 1 \tag{6-4}$$

由式(6-4)可得

$$\prod_{k=1}^{n} (1 + \lambda g_{ik}) = \lambda + 1 \tag{6-5}$$

式中:g_{ij}——论域 X 中第 i 个元素第 j 个评价因子的权重,其计算公式为

$$g_{ij} = W_{ij} / \sum_{j=1}^{n} W_{ij} \tag{6-6}$$

$$W_{ij} = \frac{x_{ij}}{C_{oj}} \tag{6-7}$$

5) 模糊积分评价模型

$g(x_{ij})$ 具有单调性,是一种典型的模糊测度。评判函数 $f(x_{ij})$ 关于模糊测度 $g(x_{ij})$ 下的 sugeno-λ 模糊积分为

$$E_i = \int f(x_{ij}) \mathrm{d}g(x_{ij}) = \mathrm{SUP}[\inf(f(x_{ij}), g(x_{ij}))] \tag{6-8}$$

在模糊积分中,一般采用 Zadeh 的 $\wedge$、$\vee$ 算子,该算子是一种主观因素突出的算子,计算中将遗失许多信息。本书采用 Einstein 的 $\dot{\varepsilon}$、$\overset{+}{\varepsilon}$ 算子进行积分计算:

$$E_i = \int f(x_{ij}) \mathrm{d}g(x_{ij}) = \dot{\varepsilon} f(x_{ij}) \overset{+}{\varepsilon} g(x_{ij}) \tag{6-9}$$

式中:

$$a \dot{\varepsilon} b = \frac{ab}{1 + (1-a)(1-b)} \tag{6-10}$$

$$a \overset{+}{\varepsilon} b = \frac{a+b}{1+ab} \tag{6-11}$$

6) 模糊识别

设共有 g 级评价标准,即 $E_k(k=1,2,\cdots,g)$。应用线性函数表达式建立待评

价样本与各评价标准间关于模糊积分值的隶属函数:

当 $k=1$ 时

$$\mu_{ik} = \begin{cases} 1 & E_i \leqslant E_k \\ \dfrac{E_{k+1}-E_i}{E_{k+1}-E_k} & E_k < E_i < E_{k+1} \\ 0 & E_i \geqslant E_{k+1} \end{cases} \tag{6-12}$$

当 $k=2,3,\cdots,g-1$ 时

$$\mu_{ik} = \begin{cases} 1 & E_i \leqslant E_{k-1} \\ \dfrac{E_i-E_{k-1}}{E_k-E_{k-1}} & E_{k-1} < E_i < E_k \\ \dfrac{E_{k+1}-E_i}{E_{k+1}-E_k} & E_k < E_i < E_{k+1} \\ 0 & E_i \geqslant E_{k+1} \end{cases} \tag{6-13}$$

当 $k=g$ 时

$$\mu_{ik} = \begin{cases} 1 & E_i \leqslant E_{k-1} \\ \dfrac{E_i-E_{k-1}}{E_k-E_{k-1}} & E_{k-1} < E_i < E_k \\ 0 & E_i \geqslant E_k \end{cases} \tag{6-14}$$

式中:E_i——第 i 个样本的模糊积分值;

E_{k-1}、E_k、E_{k+1}——第 $k-1$、k、$k+1$ 级评价标准的模糊积分值。

2. BP 神经网络

1) 基本理论

神经网络的学习过程采用误差反向传播算法,它是一个有导师的神经元网络学习算法。其算法思想是:取一对学习模式,将输入模式经网络输入层、隐层、输出层逐层处理之后,得到一个输出模式,计算网络输出模式和期望输出模式的误差,将误差由输出层、隐层、输入层的反向顺序传送,按照减小误差的方向逐层修正各层连接权重,当误差小于事先确定值时,整个学习过程就会结束。

Kolmogorov 定理(即网络映射存在定理)指出一个具有 n 个输入节点、$2n+1$ 个隐含节点和 m 个输出节点的 3 层网络可以逼近任意连续函数,但如何选取隐含层的层数和节点数,至今还没有确切的方法和理论,通常是凭借对学习样本和测试样本的误差交叉评价的试错法选取。

2) 评价模型

本模型中选取结构相对简单的 3 层 BP 网络,其网络拓扑结构如图 6-4 所示。在具体实施时,取 500 个训练样本,并用模糊测度理论得出其评价结果,以此

作为输入和输出,借助 MATLAB 神经网络
工具箱,训练出其内在机理,建立神经网络
评价模型。

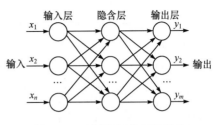

图 6-4　3 层 BP 网络拓扑结构

（1）输入层神经元个数的确定。根据评价指标体系部分的分析,本模型中选取 18 个二级指标,因此可将这 18 个二级指标作为模型的输入神经元,取输入层神经元个数 $n=18$。

（2）输出层神经元个数的确定。若将评价模型的评价等级分为四个等级,即Ⅰ级、Ⅱ级、Ⅲ级、Ⅳ级,则可给出综合评价结论集 Y＝{Ⅰ级,Ⅱ级,Ⅲ级,Ⅳ级},取输出层神经元个数 $m=5$,其所对应的二进制输出结果为(0 0),(0 1),(1 0),(1 1)。

6.3.2　评价等级确定

将非机动化交通出行者的交通行为安全性评价等级由高到低分为 4 个等级,依次为Ⅰ级、Ⅱ级、Ⅲ级、Ⅳ级。通过专家咨询的方式对各等级中各指标的等级值进行打分(按 1～5 打分)。以电动自行车为例,经综合评测得出各等级的评价指标值如表 6-1 所示。

表 6-1　电动自行车骑行者交通行为安全性各等级评价指标值

| 一级指标 | 二级指标 | 安全性等级 | | | |
		Ⅰ级	Ⅱ级	Ⅲ级	Ⅳ级
基本特征信息	性别年龄	1	2	3	4
	文化程度	1	2	2	4
	社会地位	1	2	2	4
	收入水平	1	1	2	4
	性格特征	1	2	2	4
交通安全意识	交通安全教育程度	1	2	3	4
	交通安全意识水平	1	3	4	5
	交通法规认知程度	1	3	3	4
习惯性交通行为	弱化控制能力	1	2	3	4
	弱化判断能力	1	3	3	5
	存在交通冲突	1	3	4	5

一级指标	二级指标	安全性等级			
		Ⅰ级	Ⅱ级	Ⅲ级	Ⅳ级
受激性交通行为	受他人影响	1	2	3	4
	受自身影响	1	3	4	5
	受天气影响	1	2	3	5
	受环境影响	1	3	3	4
自我控制能力	对行为的认知程度	1	2	3	4
	对行为的后悔程度	1	2	3	4
	对行为的控制能力	1	3	4	5

6.3.3　评价体系建立及示例分析

1. 模糊测度方法

1) 评价因子的确定

如前文所述,评价体系共有 18 个评价因子(二级指标),分属 5 个准则面(一级指标),如表 6-2 所示。

2) 评价函数的确定

将待评价的样本和四级评价标准组成论域:

$$X = \{x_1, x_2, x_3, x_4, x_5\}$$

式中:x_1——待评价样本;

$x_2 \sim x_5$——四级评价标准;

$x_{ij}(i=1,2,\cdots,5; j=1,2,\cdots,18)$——论域中各元素的评价因子。以下给出评价示例。

表 6-2　评价因子可测评分值

评价指标	样本	Ⅰ级	Ⅱ级	Ⅲ级	Ⅳ级
性别年龄	4	1	2	3	4
文化程度	3	1	2	2	4
社会地位	3	1	2	2	4
收入水平	3	1	1	2	4
性格特征	4	1	2	2	4
交通安全教育程度	5	1	2	3	4
交通安全意识水平	4	1	3	4	5
交通法规认知程度	2.5	1	3	3	4

续表

评价指标	样本	Ⅰ级	Ⅱ级	Ⅲ级	Ⅳ级
弱化控制能力	4.4	1	2	3	4
弱化判断能力	3.8	1	3	3	5
存在交通冲突	3.8	1	3	4	5
受他人影响	3.3	1	2	3	4
受自身影响	3.5	1	3	4	5
受天气影响	3	1	2	3	5
受环境影响	5	1	3	3	4
对行为的认知程度	3.5	1	2	3	4
对行为的后悔程度	3.2	1	2	3	4
对行为的控制能力	3	1	3	4	5

以Ⅳ级作为评价标准,得到论域中每个元素各评价因子的标准化处理结果,如表 6-3 所示。

表 6-3　评价因子可测评分值标准化处理结果

评价指标	样本	Ⅰ级	Ⅱ级	Ⅲ级	Ⅳ级
性别年龄	1	0.25	0.5	0.75	1
文化程度	0.75	0.25	0.5	0.5	1
社会地位	0.75	0.25	0.5	0.5	1
收入水平	0.75	0.25	0.25	0.5	1
性格特征	1	0.25	0.5	0.5	1
交通安全教育程度	1.25	0.25	0.5	0.75	1
交通安全意识水平	0.8	0.2	0.6	0.8	1
交通法规认知程度	0.625	0.25	0.75	0.75	1
弱化控制能力	1.1	0.25	0.5	0.75	1
弱化判断能力	0.76	0.2	0.6	0.6	1
存在交通冲突	0.76	0.2	0.6	0.8	1
受他人影响	0.825	0.25	0.5	0.75	1
受自身影响	0.7	0.2	0.6	0.8	1
受天气影响	0.6	0.2	0.4	0.6	1
受环境影响	1.25	0.25	0.75	0.75	1
对行为的认知程度	0.875	0.25	0.5	0.75	1
对行为的后悔程度	0.8	0.25	0.5	0.75	1
对行为的控制能力	0.6	0.2	0.6	0.8	1

根据式(6-2)，$d_{max}=1.25$，$d_{min}=0.2$，$C=1.6$，可得所有元素各评价因子的评判值，如表 6-4 所示。

表 6-4　评价因子的评判值

评价指标	样本	Ⅰ级	Ⅱ级	Ⅲ级	Ⅳ级
性别年龄	0.78	0.20	0.39	0.59	0.78
文化程度	0.59	0.20	0.39	0.39	0.78
社会地位	0.59	0.20	0.39	0.39	0.78
收入水平	0.59	0.20	0.20	0.39	0.78
性格特征	0.78	0.20	0.39	0.39	0.78
交通安全教育程度	0.98	0.20	0.39	0.59	0.78
交通安全意识水平	0.63	0.16	0.47	0.63	0.78
交通法规认知程度	0.49	0.20	0.59	0.59	0.78
弱化控制能力	0.86	0.20	0.39	0.59	0.78
弱化判断能力	0.59	0.16	0.47	0.47	0.78
存在交通冲突	0.59	0.16	0.47	0.63	0.78
受他人影响	0.64	0.20	0.39	0.59	0.78
受自身影响	0.55	0.16	0.47	0.63	0.78
受天气影响	0.47	0.16	0.31	0.47	0.78
受环境影响	0.98	0.20	0.59	0.59	0.78
对行为的认知程度	0.68	0.20	0.39	0.59	0.78
对行为的后悔程度	0.63	0.20	0.39	0.59	0.78
对行为的控制能力	0.47	0.16	0.47	0.63	0.78

3) 模糊积分的计算

以样本为例进行模糊积分的计算，计算结果如表 6-5 所示。

表 6-5　模糊积分计算结果

因子顺序	$f(x_{ij})$	g_{ij}	$g(x_{ij})$
交通安全教育程度	0.983	0.082	0.082
受环境影响	0.982	0.082	0.132
弱化控制能力	0.861	0.072	0.183
性别年龄	0.783	0.066	0.232
性格特征	0.781	0.066	0.295
对行为的认知程度	0.682	0.058	0.325
受他人影响	0.643	0.054	0.384

因子顺序	$f(x_{ij})$	g_{ij}	$g(x_{ij})$
交通安全意识水平	0.638	0.053	0.413
对行为的后悔程度	0.634	0.053	0.474
文化程度	0.596	0.049	0.523
社会地位	0.595	0.049	0.585
收入水平	0.594	0.049	0.643
弱化判断能力	0.592	0.050	0.694
存在交通冲突	0.591	0.050	0.743
受自身影响	0.552	0.046	0.792
交通法规认知程度	0.493	0.041	0.857
受天气影响	0.472	0.039	0.934
对行为的控制能力	0.471	0.039	1.000

由式(6-9)计算样本的模糊积分值为 0.615。

重复上述计算过程,各评价等级的模糊积分值为:$E_1 = 0.325$,$E_2 = 0.512$,$E_3 = 0.625$,$E_4 = 0.822$。

4) 模糊识别

根据式(6-12)~式(6-14),由各级标准的模糊积分值,建立待评价样本对各级评价标准关于模糊积分值的隶属函数,并进行模糊识别,结果如表 6-6 所示。

表 6-6　模糊识别结果

等级	Ⅰ级	Ⅱ级	Ⅲ级	Ⅳ级
隶属函数值	0	0.117	0.823	0

根据隶属函数值大小,评价样本的安全性等级为Ⅲ级。

第7章 交通行为安全性评价决策支持系统设计

7.1 概　述

目前,不论是交警部门,还是学校、企业,对交通安全管理的认识多停留在战略层面。比如,作为交通管理工作主要承担者的交警部门,使用较多的是出行服务智能交通软件和"警务通"等交通违法处理决策软件,对于交通行为则主要依靠主观经验来进行判断与管理,缺乏系统的安全性分析与诊断。而学校和企业更是只能依靠日常的宣传来进行统一的交通安全教育,缺乏对个人交通行为的评估。这些都不利于我国交通安全总体水平的提高。

本次研究针对以上的问题,并结合目前没有成型的交通行为安全性分析软件的现状,设计开发能够根据不同交通参与者分别制定交通行为安全性提高对策的安全性评价决策支持系统,以期对交通参与者的交通行为安全性进行系统的分析与诊断,并能够有效地提高其安全性。同时,该系统经示范应用后能够具有较大的推广前景。

7.1.1 国内外研究现状

1. DSS 研究现状

决策支持系统(decision support system,DSS)是在管理信息系统(management information system,MIS)的基础上发展起来的,它经历了一个从无到有、从低级到高级的发展过程。由 MIS 加上能处理数据的模型库,再加上能对模型进行加工的知识库和对知识进行处理(构造、解释、例化)的组织模型,DSS 经历了从数据的非结构化到模型的非结构化,再到知识的非结构化的三个发展阶段,DSS 解决问题的层次逐步提高,解决问题的能力逐渐增强[71]。

1980 年,Sprague 提出了 DSS 三部件结构,即对话部件、数据部件(数据库 DB 和数据库管理系统 DBMS)和模型部件(模型库 MB 和模型库管理系统 MBMS)。该结构明确了 DSS 的组成,也间接地反映了 DSS 的关键技术,即模型库管理系统、部件接口、系统综合集成,它对 DSS 的发展起到了很大的推动作用。1981 年,Bonczak 等提出了 DSS 三系统结构,即语言系统(LS)、问题处理系统(PPS)和知识系统(KS),该结构在 PPS 和 KS 上具有特色,并在一定范围内有其影响。1984 年,DSS 与计算机网络相结合,出现了群体 DSS,将多人的决策进行融合。20世纪80年代末90年代初,伴随着计算机和人工智能技术的发展,将人工智能技术与传统的DSS相结合,DSS随之与专家系统(ES)结合起来,形成了智能决策支持系统(IDSS)。IDSS在求解决策问题时,一方面实现了定量分析与定性分析的有机结合,另一方面将启发性推理和基于模型推理相结合,获得了较高的效率和较强的问题求解能力。但是决策的主要依据是大量的数据和信息,如何在多而乱的数据中选择对决策有用的数据是DSS发展以来遇到最大的问题,数据仓库(DW)和联机分析处理方法(OLAP)的出现为解决这一问题找到了出路。

20世纪80年代软科学的兴起,促进了DSS的研究。目前,DSS已经广泛用于企业管理、系统开发、经济分析与规划、战略研究、资源管理、投资规划等方面。成功应用的例子大量出现,DSS软件和硬件已商品化和通用化。在国外,特别是工业发达的西方国家,DSS已成为一种常规的普遍使用的信息系统。随着其他学科的不断发展,尤其是计算机技术和信息技术的巨大进步,DSS作为新的交叉学科,将会随着其他技术的迅速发展而产生突破性进展。

2. DSS在交通领域的应用

在交通领域,DSS更多地应用于交通拥堵管理,很多学者都致力于开发能监控交通拥堵状态和提出实时对策的决策支持系统[66,67]。近年来,针对交通安全管理,国外也已取得了一些可喜的进展,但其研究对象主要是机动车驾驶员。

在20世纪90年代后期,除了美国的威斯康星州率先建立了基于GIS的道路交通事故信息系统外,美国的其他州如明尼苏达州和华盛顿州建立了公路安全信息系统,加利福尼亚州建立了事故记录和分析系统,爱荷华州完成了基于GIS的事故点及分析系统(GIS-ALAS)的研制工作。与此同时,加拿大运输部也建立了交通事故信息数据库(TRAID),为交通事故分析与决策提供了数据支持;英国的软件署运输研究实验室开发了基于GIS平台的微型计算机事故分析软件包(MAAP),该软件主要用于交通事故的管理和分析,并与GIS、Word、Excel、Access等有良好接口[68]。此外,挪威国家公路局、澳大利亚国家公路局也研究开发了基于GIS平台的交通事故管理信息系统,用于交通事故的管理和分析。这些系统均为结合本国或本地的具体情况研究开发的,但功能大致相似,都具有图形的输入、编辑、拓扑关系、图形和数据的双向查询、空间分析、事故数据的评价以及简洁直观的图形显示和输出等功能[69]。

国内学者对于交通安全方面的决策支持系统的研究多集中在交通事故信息的分析上,期望能够通过信息化技术提高安全管理的水平。如杨兆升等提出了一种基于交通地理信息系统的交通安全管理智能决策支持系统结构框架,并根据交通工程学知识,建立了基于知识表示的交通安全控制模型库,提出了在智能决策支持系统的方法库中融合完善的道路基础设施、交叉口控制、城市交通流诱导系统、紧急事件管理系统等实际可行的交通安全控制方案[70]。公安部门开发的公安交通信息系统,主要有年事故指标的统计报表、查询、统计直方图及一些正常的数据库维护等功能[71]。

但国内现有研究缺乏对交通参与者行为安全性的分析,其基本技术多是利用地理信息系统技术,对交通事故数据进行分析从而提出安全管理决策方案[72]。在既有系统的具体应用上,与国外相比功能相对单一。可见,国内在交通领域 DSS 方面,无论是理论研究还是实践应用都处于起步阶段,而能够分析交通参与者交通行为安全性的决策支持系统更是空白,需要解决的问题很多。

7.1.2　研究对象与目标

交通行为安全性评价决策支持系统的用户有 3 类:公安交管部门、学校和企业。面向公安交管部门的主要用途是让使用对象了解和掌握测试对象当前的交通行为安全性水平,提供交通安全宣教等辅助决策,面向学校和企业的主要用途是了解和掌握测试对象的交通行为安全性水平及其提升途径。

交通行为安全性评价决策支持系统以机动车驾驶人、非机动车驾驶人、行人等交通参与者的交通行为为研究对象,以交通工程学、交通心理学、社会心理学等为理论背景,采用多种宏、微观定量评价方法,通过分析各类交通参与者的生理、心理、社会性等因素对行为的影响,综合评判交通行为安全性。在此基础上,运用计算机技术开发出一套方便友好的应用软件,辅助用户完成评价工作以提供决策依据,实现交通安全管理决策的高效性、动态性和系统化。

7.1.3　技术路线

在大量文献检索和系统调查的基础上,对系统需求进行分析并确定了系统的开发环境。随后,针对整个系统进行总体框架设计,对系统的功能模块进行划分与解析。在总体框架设计的基础上,运用 IDEF0 与 UML 建模方法分别建立宏观和微观两个层面的模型。最后,实现系统原型的开发。

系统设计的技术路线如图 7-1 所示。

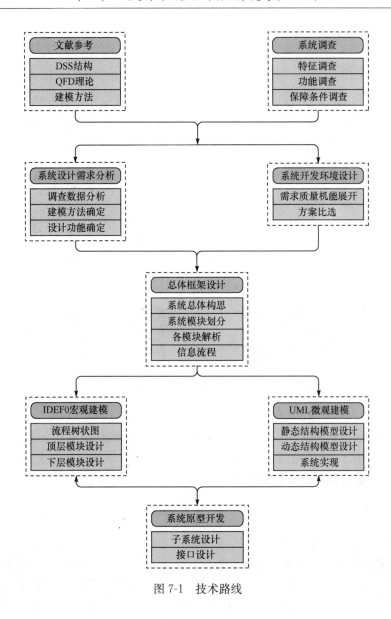

图 7-1　技术路线

7.2　需 求 分 析

为了识别和分析交通参与者、交通管理者及不同学校、企事业单位对交通行为安全性评价决策支持系统的应用要求,课题组随机对浙江湖州、广东江门、肇庆、中山共 4 个城市的 100 位交通警察,南京市 9 个区的 45 所学校的交通安全负责人以及长三角地区南京市、镇江市、无锡市的 50 家企业的交通安全负责人进行问卷调查。

7.2.1 调查对象

1. 交警部门

面向交警部门的调查是在浙江、广东等课题示范省份开展集中调研期间实施，随机对浙江湖州，广东江门、肇庆、中山共 4 市的 100 位交通警察进行问卷调查，每位警察需按要求填写性别、年龄、学历、所在部门及从事现在部门工作的时间等相关个人信息。对各类信息的分析如图 7-2 所示。

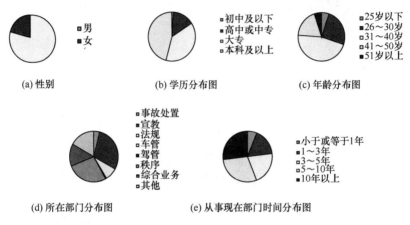

图 7-2　调查对象基本信息分析

在 100 位被调查者中，近 4/5 为男性，约 70％年龄在 26～40 岁，学历在本科及以上人员近半，大专及以上比例达 3/4。在宣教、秩序部门工作人数相对较多，从事当前工作时间跨度个体间差异较大。

2. 学校

对南京市 9 个区(玄武区、鼓楼区、建邺区、秦淮区、白下区、下关区、雨花台区、江宁区、浦口区)的学校的交通安全负责人进行抽样调查，每个区分别选取了 2 所小学、2 所中学、1 所大学，共计 45 所学校。每位老师需按要求填写性别、年龄、学历、所在部门、从事现在部门工作的时间等相关个人信息及学校类型、学校规模。对各类信息的分析如图 7-3 所示。

在 45 位被调查者中，超过 2/3 为男性，超过 60％的人年龄在 40 岁以上，学历在本科及以上人员接近 60％，大专及以上比例超过 70％。在保卫科和学生科工作的人数占了 2/3，从事当前工作时间跨度个体间差异较大。

同时，对学校类型、学校规模等学校基本信息进行了调查，分析结果如图 7-4 所示。

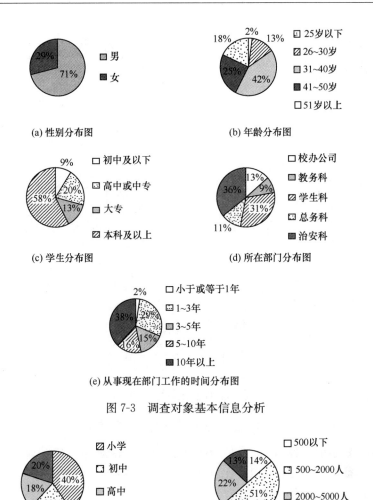

(a) 性别分布图　　　　　(b) 年龄分布图

(c) 学生分布图　　　　　(d) 所在部门分布图

(e) 从事现在部门工作的时间分布图

图 7-3　调查对象基本信息分析

(a) 学校性质分布图　　　　　(b) 学校规模分布图

图 7-4　调查学校基本信息分析

被调查的学校中,小学占 40%,中学占 40%,高校占 20%。一般来讲中小学校规模不是很大,因此学校规模为 500～2000 人的占半数以上。

3. 企业

随机对长三角地区的南京市、镇江市、无锡市的 50 家企业的交通安全负责人进行问卷调查,每位负责人需按要求填写性别、年龄、学历、所在部门及从事现在部门工作的时间等相关个人信息。对各类信息的分析如图 7-5 所示。

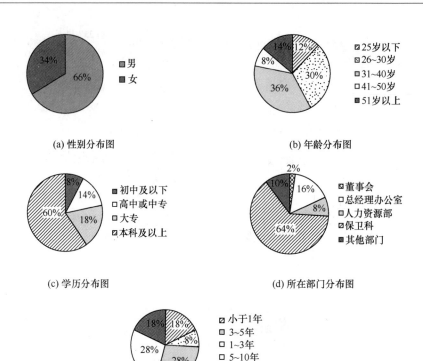

(a) 性别分布图

(b) 年龄分布图

(c) 学历分布图

(d) 所在部门分布图

(e) 从事现在部门工作的时间分布图

图 7-5 调查对象基本信息分析

在 50 位被调查者中,近 2/3 为男性,近 70% 年龄在 26～40 岁,学历在本科及以上人员达到 60%,大专及以上比例达 3/4。在保卫科工作的人数占了 2/3,从事当前工作时间跨度个体间差异较大。

同时,对企业类型、企业员工数、企业现有交通安全措施及企业实施交通安全措施面临困难等企业信息进行了调查。对各类信息的分析如图 7-6 所示。

被调查的企业员工数差异较大,企业类型多数为私营企业、有限责任公司及股份有限公司,这与长三角地区的企业现状相符。同时,目前企业开展的交通安全措施主要是对驾驶员进行培训及定期进行交通安全宣传教育,但很少有企业设置专门的交通安全工作机构,基本上都归保卫科管理。企业实施交通安全措施面临困难主要为没有相应的交通安全人才及不知如何有效实行交通安全措施。

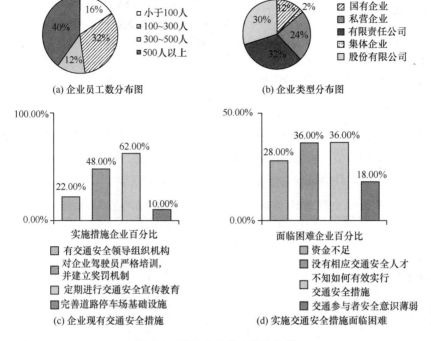

图 7-6　调查企业基本信息分析

7.2.2　调查方法

针对交警部门、学校和企事业单位对交通行为安全性评价决策支持系统的要求，就系统的特征、功能需求等方面设计编制 4 个问题，其中多采用 Likert 五级评分法，从"非常不同意"、"不同意"、"一般"、"同意"到"非常同意"，或"非常不重要"、"不重要"、"一般"、"重要"到"非常重要"分别记为 1 到 5 分。将调查问卷发放给上述交警部门 100 位交警及 45 所学校和 50 家企业的交通安全负责人，并及时收回。

关于决策支持系统的 4 个问题及其内涵如下：

（1）您认为一个良好的交通行为安全性评价决策系统应具有哪些特征。根据决策支持系统相关研究设计，分适用性、操作性、扩展性、可靠性、应用性 5 类因素，共含 13 项。

（2）您认为交通行为安全性评价决策系统应具备哪些功能需求。根据交通安全管理的需要，设计适合管理者的决策支持系统，提出 10 个需求选项。

（3）您认为交通行为安全性评价决策系统应体现交通参与者哪些方面差异。含性别、年龄、交通安全意识、交通安全习惯、心理特征、家庭背景、评估目的 7 个项目。

（4）您认为推广交通行为安全性评价决策系统的保障条件有哪些。根据产品自身、政府和用户 3 方面，提出 10 个选项。

7.2.3 数据分析

为估计各分量表的信度系数,采用克伦巴赫(Cronbach)系数 α 进行内部一致性检验。若该系数大于或接近于 0.8,则表明分量表内部一致性高。经计算检验,所有分量表 Cronbach 系数均满足要求,故各分量表调查数据有效。

1. 系统应具有的特征

交警部门认为,"适用性强,适合不同交通参与者的评估理论方法"、"操作简单"及"具有推广价值和普适性"较为重要,是得分最高的几项,有 85% 以上的被调查者认同;而"产品样式和品类的多样性"得分较低(表 7-1)。

表 7-1 交警部门认为交通行为安全性评价决策系统应具有的特征

影响因素	非常不同意/%	不同意/%	一般/%	同意/%	非常同意/%	得分平均值(标准差)	得分排序	Cronbach系数
适用性强,适合不同交通参与者的评估理论方法	0	0	8	58	34	4.26(0.60)	1	
操作简单	0	1	13	51	35	4.20(0.70)	2	
具有推广价值和普适性	1	1	10	59	29	4.14(0.71)	3	
能反映被评估者交通行为安全性的真实水平	1	0	15	55	29	4.11(0.72)	4	
具有知识推理等决策支持功能	0	3	12	56	29	4.11(0.72)	5	
定性和定量方法的结合	0	1	14	60	25	4.09(0.65)	6	
具有较高的可靠性,评价结果重复性强	0	0	17	57	26	4.09(0.65)	7	0.944
评估结果直观,可比较分析	0	5	16	49	30	4.04(0.82)	8	
评估指标可衡量	0	4	14	58	24	4.02(0.74)	9	
评估数据量小,可直接采集,应用能力强	2	0	18	59	22	4.01(0.70)	10	
功能的可扩展性	1	1	20	52	26	4.01(0.77)	11	
评估时间和产品成本合适	1	4	14	61	20	3.95(0.77)	12	
具有不确定数据的处理能力	0	1	22	59	18	3.94(0.66)	13	
产品样式和品类的多样性	0	1	13	51	35	3.87(0.73)	14	

学校的交通安全负责人比较重视操作的简易性、系统的适用性和应用能力，相关问题的平均得分均超过 4.2；其他几项依次降低，"产品样式和品类的多样性"、"评估时间和产品成本合适"的认可度最低（表 7-2）。

表 7-2 学校认为交通行为安全性评价决策系统应具有的特征

影响因素	非常不重要/%	不重要/%	一般/%	重要/%	非常重要/%	得分平均值（标准差）	得分排序	Cronbach 系数
操作简单	0.0	0.0	8.9	48.9	42.2	4.33(0.64)	1	
适用性强,适合不同交通参与者的评估理论方法	0.0	0.0	4.4	62.2	33.3	4.29(0.55)	2	
评估数据量小,可直接采集,应用能力强	0.0	0.0	8.9	57.8	33.3	4.24(0.61)	3	
评估结果直观,可比较分析	0.0	0.0	11.1	60.0	28.9	4.18(0.61)	4	
评估指标可衡量	0.0	0.0	11.1	62.2	26.7	4.16(0.60)	5	
能反映被评估者交通行为安全性的真实水平	0.0	0.0	13.3	57.8	28.9	4.16(0.64)	6	0.936
功能的可扩展性	0.0	0.0	15.6	53.3	31.1	4.16(0.67)	7	
具有知识推理等决策支持功能	0.0	0.0	13.3	60.0	26.7	4.13(0.63)	8	
具有推广价值和普适性	0.0	0.0	15.6	57.8	26.7	4.11(0.65)	9	
具有较高的可靠性,评价结果重复性强	0.0	0.0	15.6	60.0	24.4	4.09(0.63)	10	
定性和定量方法的结合	0.0	0.0	20.0	53.3	26.7	4.07(0.69)	11	
具有不确定数据的处理能力	0.0	0.0	20.0	53.3	26.7	4.07(0.69)	12	
产品样式和品类的多样性	0.0	0.0	22.2	53.3	24.4	4.02(0.69)	13	
评估时间和产品成本合适	0.0	0.0	22.2	55.6	22.2	4.00(0.67)	14	

如表 7-3 所示，企业认为"具有推广价值和普适性"、"能反映被评估者交通行为安全性的真实水平"、"适用性强,适合不同交通参与者的评估理论方法"及"评估结果直观较为重要,可比较分析"是应有的重要特征（得分大于 4），均有 80% 左右的被调查者认同；反之，"评估数据量小,可直接采集,应用能力强"、"评估时间和产

品成本合适"和"具有不确定数据的处理能力"均只有 60% 的认同率。

表 7-3　企业认为交通行为安全性评价决策系统应具有的特征

影响因素	非常不同意/%	不同意/%	一般/%	同意/%	非常同意/%	得分平均值（标准差）	得分排序	Cronbach系数
具有推广价值和普适性	0	2	20	42	36	4.12(0.80)	1	
能反映被评估者交通行为安全性的真实水平	0	0	24	33	32	4.08(0.75)	2	
适用性强，适合不同交通参与者的评估理论方法	0	2	18	54	26	4.04(0.73)	3	
评估结果直观，可比较分析	0	0	16	68	16	4.00(0.57)	4	
评估指标可衡量	0	2	22	54	22	3.96(0.73)	5	
具有较高的可靠性，评价结果重复性强	0	4	22	52	22	3.92(0.78)	6	
具有知识推理等决策支持功能	0	4	16	70	10	3.86(0.64)	7	0.877
功能的可扩展性	0	2	28	58	12	3.80(0.67)	8	
操作简单	0	4	34	42	20	3.78(0.82)	9	
定性和定量方法的结合	0	2	26	66	6	3.76(0.59)	10	
产品样式和品类的多样性	0	2	38	44	16	3.74(0.75)	11	
评估数据量小，可直接采集，应用能力强	0	4	32	56	8	3.68(0.68)	12	
评估时间和产品成本合适	0	4	32	62	2	3.62(0.60)	13	
具有不确定数据的处理能力	0	4	38	56	2	3.56(0.61)	14	

2. 系统的功能需求

如表 7-4 所示，交通安全管理预警、不同交通参与者的评估和动态监控是交警最需要的 3 项功能，其认同度均超过 80%，其余各项的得分相对较低。

表 7-4　交警部门认为交通行为安全性评价决策系统应具备的功能

影响因素	非常不同意/%	不同意/%	一般/%	同意/%	非常同意/%	得分平均值（标准差）	得分排序	Cronbach系数
交通安全管理预警	0	0	12	53	35	4.24(0.64)	1	
不同交通参与者的评估	0	2	8	56	34	4.22(0.68)	2	
动态监控	0	2	16	50	32	4.11(0.75)	3	
数据库的操作	0	0	12	67	21	4.08(0.57)	4	
与交通管理系统之间的衔接	0	1	15	59	25	4.08(0.66)	5	0.907
交通干预行为效果的模拟	0	2	13	60	25	4.07(0.68)	6	
评估结论的统计分析	0	1	11	68	20	4.06(0.59)	7	
预测分析	0	2	20	55	23	4.00(0.72)	8	
智能化诊断	0	2	15	63	20	4.00(0.66)	9	
知识推理	0	0	22	59	19	3.97(0.64)	10	

　　交通干预行为效果的模拟、交通管理预警和不同交通参与者的评估则是学校负责人较为重视的功能，相反对于预测分析、数据库的操作和知识推理的认同度较低（表 7-5）。

表 7-5　学校认为交通行为安全性评价决策系统应具备的功能

影响因素	非常不重要/%	不重要/%	一般/%	重要/%	非常重要/%	得分平均值（标准差）	得分排序	Cronbach系数
交通干预行为效果的模拟	0.0	0.0	6.7	51.1	42.2	4.36(0.61)	1	
交通安全管理预警	0.0	0.0	11.1	46.7	42.2	4.31(0.67)	2	
不同交通参与者的评估	0.0	0.0	8.9	53.3	37.8	4.29(0.63)	3	
动态监控	0.0	0.0	11.1	53.3	35.6	4.24(0.65)	4	
智能化诊断	0.0	0.0	11.1	55.6	33.3	4.22(0.64)	5	0.933
评估结论的统计分析	0.0	0.0	11.1	57.8	31.1	4.20(0.63)	6	
与交通管理系统之间的衔接	0.0	0.0	11.1	57.8	31.1	4.20(0.63)	7	
预测分析	0.0	0.0	17.8	55.6	26.7	4.09(0.67)	8	
数据库的操作	0.0	0.0	17.8	57.8	24.4	4.07(0.65)	9	
知识推理	0.0	0.0	20.0	55.6	24.4	4.04(0.67)	10	

如表 7-6 所示，与交通管理系统之间的衔接、交通安全管理预警、不同交通参与者的评估和动态监控是企业管理人员最需要的 4 项功能，其认同度均超过80%，其余各项的得分都小于 4。

表 7-6　企业认为交通行为安全性评价决策系统应具备的功能

影响因素	非常不同意/%	不同意/%	一般/%	同意/%	非常同意/%	得分平均值（标准差）	得分排序	Cronbach系数
与交通管理系统之间的衔接	0	0	10	60	30	4.20(0.61)	1	
交通安全管理预警	0	0	12	58	30	4.18(0.63)	2	
不同交通参与者的评估	0	0	14	58	28	4.14(0.64)	3	
动态监控	0	0	18	52	30	4.12(0.69)	4	
评估结论的统计分析	0	2	20	56	22	3.98(0.71)	5	0.903
交通干预行为效果的模拟	0	0	18	72	10	3.92(0.53)	6	
数据库的操作	0	0	26	58	16	3.90(0.65)	7	
预测分析	0	0	22	66	12	3.90(0.58)	8	
智能化诊断	0	2	24	60	14	3.86(0.67)	9	
知识推理	0	2	28	62	8	3.76(0.62)	10	

3. 系统应体现交通参与者的差异

如表 7-7 所示，面向交警部门的调查表明，交通行为习惯及交通安全意识的得分分别为 4.39 和 4.35，远超其余影响因素，认同度超过 90%；其他的影响因素得分均不超过 4。

表 7-7　交警部门认为交通行为安全性评价决策系统应体现的差异

影响因素	非常不同意/%	不同意/%	一般/%	同意/%	非常同意/%	得分平均值（标准差）	得分排序	Cronbach系数
交通行为习惯	0	2	6	43	49	4.39(0.70)	1	
交通安全意识	0	2	8	42	48	4.35(0.73)	2	
评估目的	0	6	16	53	25	3.96(0.82)	3	0.883
年龄	0	7	18	52	23	3.91(0.84)	4	
心理特征（能力、气质和性格）	0	6	18	54	22	3.90(0.80)	5	

续表

影响因素	非常不同意/%	不同意/%	一般/%	同意/%	非常同意/%	得分平均值（标准差）	得分排序	Cronbach系数
职业	1	7	23	46	23	3.82(0.91)	6	
家庭背景（居住地、家庭传统、文化等）	0	12	19	54	16	3.74(0.87)	7	
学历	1	12	20	53	14	3.67(0.90)		
性别	0	11	34	41	14	3.58(0.86)		
收入	3	12	32	46	7	3.43(0.91)		

学校认为交通行为习惯和交通安全意识是最为重要的两个方面，认同度接近90%；而心理特征、学历和性别的重要度较低，尤其是性别，认同度只有60%（表7-8）。

表 7-8　学校认为交通行为安全性评价决策系统应体现的差异

影响因素	非常不重要/%	不重要/%	一般/%	重要/%	非常重要/%	得分平均值（标准差）	得分排序	Cronbach系数
交通行为习惯	0.0	0.0	11.1	37.8	51.1	4.40(0.69)	1	
交通安全意识	0.0	0.0	11.1	44.4	44.4	4.33(0.67)	2	
年龄	0.0	2.2	20.0	44.4	33.3	4.09(0.79)	3	
家庭背景（居住地、家庭传统、文化等）	0.0	2.2	24.4	35.6	37.8	4.09(0.85)	4	0.837
评估目的	0.0	2.2	20.0	51.1	26.7	4.02(0.75)	5	
心理特征（能力、气质和性格）	0.0	2.2	26.7	44.4	26.7	3.96(0.80)	6	
学历	0.0	2.2	26.7	46.7	24.4	3.93(0.78)	7	
性别	0.0	2.2	31.1	44.4	22.2	3.87(0.79)	8	

如表7-9所示，企业方面，交通行为习惯及交通安全意识的得分分别为4.32和4.28，远超其余影响因素，认同度超过85%。其他的影响因素得分均不超过4，尤其是性别因素，只有36%的被调查者认同。

表 7-9　企业认为交通行为安全性评价决策系统应体现的差异

影响因素	非常不同意/%	不同意/%	一般/%	同意/%	非常同意/%	得分平均值（标准差）	得分排序	Cronbach 系数
交通行为习惯	0	2	12	38	48	4.32(0.77)	1	
交通安全意识	0	4	12	36	48	4.28(0.83)	2	
评估目的	0	6	32	50	12	3.92(0.63)	3	
心理特征（能力、气质和性格）	0	2	24	62	12	3.84(0.65)	4	0.835
家庭背景（居住地、家庭传统、文化等）	0	0	24	60	16	3.68(0.77)	5	
年龄	0	4	42	42	12	3.62(0.75)	6	
性别	2	10	52	30	6	3.28(0.81)	7	

4. 系统推广应用的保障条件

如表 7-10 所示，交警方面，各项得分都比较高，平均值超过 4。尤其是增强全民交通安全意识这一项，认同率为 91%。

表 7-10　交警部门认为推广交通行为安全性评价决策系统的保障条件

影响因素	非常不同意/%	不同意/%	一般/%	同意/%	非常同意/%	得分平均值（标准差）	得分排序	Cronbach 系数
增强全民交通安全意识	0	0	9	44	47	4.38(0.65)	1	
政策、法规的保障	0	0	12	51	37	4.25(0.65)	2	
政府的资金支持	0	2	11	46	41	4.25(0.74)	3	
大力宣传应用效果的有效性	0	0	10	59	31	4.22(0.61)	4	
势作为政府绩效考核的标准之一	2	2	8	53	35	4.16(0.83)	5	
安全性评价决策系统产品的自身优势	0	0	18	54	28	4.10(0.67)	6	0.878
示范应用	0	0	17	57	26	4.09(0.65)	7	
推广应用的激励机制	1	0	16	56	27	4.08(0.72)	8	
建立推广应用的统一组织机构	0	2	15	61	22	4.03(0.67)	9	
作为企业单位的评价依据	1	2	13	62	22	4.01(0.73)	10	

学校认为重点应"增强学生交通安全意识"、"大力宣传应用效果的有效性"和"示范应用"，认同度超过90%，而"作为政府绩效考核的标准之一"和"作为学校单位的评价依据"的重要性较低（表7-11）。

表7-11　学校认为推广交通行为安全性评价决策系统的保障条件

影响因素	非常不重要/%	不重要/%	一般/%	重要/%	非常重要/%	得分平均值（标准差）	得分排序	Cronbach系数
增强学生交通安全意识	0.0	0.0	8.9	46.7	44.4	4.36(0.65)	1	
大力宣传应用效果的有效性	0.0	0.0	15.6	44.4	40.0	4.24(0.71)	2	
示范应用	0.0	0.0	8.9	60.0	31.1	4.22(0.60)	3	
安全性评价决策系统产品的自身优势	0.0	0.0	6.7	68.9	24.4	4.18(0.53)	4	
政策、法规的保障	0.0	0.0	13.3	55.6	31.1	4.18(0.65)	5	0.892
推广应用的激励机制	0.0	0.0	20.0	48.9	31.1	4.11(0.71)	6	
政府的资金支持	0.0	0.0	17.8	57.8	24.4	4.07(0.65)	7	
建立推广应用的统一组织机构	0.0	0.0	28.9	46.7	24.4	3.96(0.74)	8	
作为政府绩效考核的标准之一	0.0	4.4	24.4	48.9	22.2	3.89(0.80)	9	
作为学校单位的评价依据	0.0	4.4	24.4	55.6	15.6	3.82(0.75)	10	

如表7-12所示，企业方面被调查者认同"增强全民交通安全意识"的比例为96%，而认同"政策、法规的保障"的也有90%；反之，"作为政府绩效考核的标准之一"及"作为企业单位的评价依据"两项的得分较低。

表7-12　企业认为推广交通行为安全性评价决策系统的保障条件

影响因素	非常不同意/%	不同意/%	一般/%	同意/%	非常同意/%	得分平均值（标准差）	得分排序	Cronbach系数
增强全民交通安全意识	0	0	6	44	50	4.44(0.61)	1	
政策、法规的保障	0	0	10	54	36	4.26(0.63)	2	0.841
建立推广应用的统一组织机构	0	0	16	54	30	4.14(0.67)	3	
政府的资金支持	0	0	18	58	24	4.06(0.65)	4	

影响因素	非常不同意/%	不同意/%	一般/%	同意/%	非常同意/%	得分平均值（标准差）	得分排序	Cronbach系数
安全性评价决策系统产品的自身优势	0	2	18	56	24	4.02(0.71)	5	
大力宣传应用效果的有效性	0	2	20	54	24	4.00(0.73)	6	
示范应用	0	0	26	50	24	3.98(0.71)	7	
推广应用的激励机制	0	2	18	60	20	3.98(0.68)	8	
作为政府绩效考核的标准之一	0	6	14	66	14	3.88(0.72)	9	
作为企业单位的评价依据	2	8	22	54	14	3.70(0.89)	10	

7.2.4　分析结论

根据调查分析总结得到面向交警部门、学校和企业的决策支持系统核心功能，如表 7-13 所示。

表 7-13　交通行为安全性评价决策系统核心功能

交警部门		学校		企业	
交通安全管理预警	4.24	交通干预行为效果的模拟	4.36	与交通管理系统之间的衔接	4.2
不同交通参与者的评估	4.22	交通安全管理预警	4.31	交通安全管理预警	4.18
动态监控	4.11	不同交通参与者的评估	4.29	不同交通参与者的评估	4.14

拟开发的交通安全性评价决策支持系统，若要有效地辅助决策，除了需具备决策所依赖的基础数据支撑、数据处理管理和模型管理、友好的界面展示等常见功能外，还必须具备以下应用功能：

1）提供灵活的决策支持指标配置功能

系统应能根据各类用户的具体决策问题，借助决策指标配置平台，灵活配置安全性评价和决策问题考核的指标体系。指标体系由两部分构成：一是来自于系统内通用的指标库；二是根据用户需求定制的指标。这些指标能够借助系统内的数据和用户定制的模型完成测算工作。

2）行为评估功能

以不同交通参与者事故和违法统计数据为基础，构建不安全交通行为谱系。以不安全行为的总体特征、概率空间分布、时空差异、不良影响或危害程度等为对象,提取特征变量。对输入的个体或群体交通行为进行特征变量分析,评价其安全性并确定安全等级。

3) 智能诊断、预测分析、决策支持功能

通过心理学和社会学等模型分析性别、年龄、安全意识、素质等个人属性对行为的影响机制,从而预测判断交通参与者的行为倾向,识别重点宣教群体。决策支持功能是交警需求度最大的功能,即能有效服务于交警的安全管理是系统实现的最大意义。

4) 提供安全性提升措施实施效果动态模拟功能

系统应通过仿真建模对安全性提升措施的实施效果进行动态模拟。当提升措施被更新或完善时,能够自动模拟并将指标更新到最新状态,能够实现对信息的搜集、组织、分析、预测等,从而比较分析不同提升措施的适应条件和反馈机制。

5) 与其他系统衔接功能

应与其他交通决策支持系统良好衔接,实现信息互享、技术补充,进一步完善系统功能。

7.3 总体框架设计

一个系统的开发是一项复杂的系统工程,为保证系统组成的合理性与完整性,以及系统工作的可靠性与有效性,必须用软件工程学方法指导,以减少和避免开发中的失误,提高效率,保证系统的质量。用软件工程方法指导系统的开发,需要对系统各成分的功能关系、总体结构、系统开发的各阶段工作进行分析和设计。

本书从交通行为安全性评价决策支持系统的总体框架出发,介绍了系统总体设计的思想与原则,并提出了系统的总体结构设计。在此基础上,对系统的模块进行了划分,并对各功能模块进行了解析,并对系统的数据流程进行了阐述。

7.3.1 总体设计思想

以交警部门、企业、学校对决策支持系统的功能需求为基础,充分考虑软硬件技术的先进性、模型的科学性、信息的实时性、结构的合理性、系统的整体性、操作的灵活性以及系统的实用性、开放性、可扩充性和可推广性等原则,开发时以科学性、实用性和可操作性为主导思想。

7.3.2 总体设计原则

交通行为安全性评价决策支持系统的开发涉及学科众多,结构复杂,关键技术密集,建库建模工作量大。为使系统结构保持完整和开发工作顺利进行,拟定了以下设计原则：

1）实用性

紧密结合交警部门、学校、企业的功能要求，界面友好直观，操作灵活方便，扩充性好，实用性强。

2）实时性

系统应根据用户的输入信息进行数据的实时更新。通过与交管部门交通管理系统之间的衔接，建立联网数据库，实现系统的自我完善。

3）科学性

根据调查分析，得到交通行为安全性评价指标体系并建立基本数据库。通过进一步研究得到相应的对策体系。最后，通过应用合理的模型和数据，为交通行为安全性评价与诊断提供科学决策方案。

4）整体性

交通行为安全性评价及决策过程极为复杂，涉及因素众多，系统在方法、知识、经验和实施等方面应给予全面的决策支持。在开发过程中，注重整体与部分以及各模块衔接等方面的考虑，充分发挥其整体优势。

5）灵活性

系统既可根据交通参与者的调查信息对交通行为安全性进行评估，也可在此基础上自动生成改善方法。为便于评价决策，系统应及时提供各类决策信息和支持模型。

6）开放性

系统在一定程度上应具有适用性和可移植性，兼顾同类或次级用户，以便于推广应用和二次开发。系统中各大模块既紧密联系，又可单独运行。同时，系统可灵活设置多处接口，使其具有很强的扩展性，方便挂接外部程序模块。

7.3.3 系统模块设计与划分

1. 顶层模块划分

根据决策支持系统最基本的三系统结构，整个系统必须具有的子系统包括：模型库子系统、数据库子系统及人机交互子系统。为实现系统对交通行为安全性的评价和决策，增加问题综合子系统。最终形成如图 7-7 所示的四子系统的系统顶层结构。其中，人机交互子系统提供人机交互界面、数据的输入输出、计算机内数据流传、实现联网数据库的功能；数据库子系统和模型库子系统分别为问题综合子系统做出决策提供决策信息与模型支持；问题综合子系统则根据输入的信息进行智能化诊断并提出改善方案。

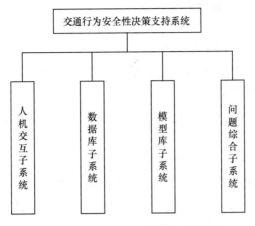

图 7-7 系统顶层功能模块结构图

2. 下层模块划分

系统下层模块的划分主要是在子系统划分的基础上,将每个子系统划分为各个模块。下面分别给出各个子系统的模块分解图及各个模块的功能阐述。

1) 人机交互子系统设计与模块划分

人机交互子系统一方面提供人机交互界面,将数据及模型等根据设计平台约束和软件设计要求转化为计算机语言,使之能够在后面的功能中得以运用;另一方面,对输出进行控制,将系统的结果返回给使用者。同时,通过网络实现用户数据共享,实现系统的自我完善。图 7-8 为人机交互子系统模块分解图。

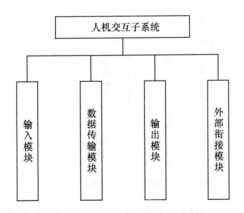

图 7-8 人机交互子系统模块分解图

（1）输入模块：为被测试者提供信息输入平台；同时，完成对基础问卷数据及模型程序的输入。

（2）数据传输模块：完成计算机内部的数据流传输。

（3）输出模块：一方面对联网数据库传输被测试者数据，另一方面将系统决策结果传输至人机交互界面。

（4）外部衔接模块：实现数据共享，并能够依靠数据更新实现改善方案的自我完善。

2）数据库子系统设计与模块划分

数据库子系统是在设计平台约束、用户需求及设计方法需求下，将输入的数据按一定结构组织在一起，以便查询、管理和通信；同时，通过数据仓库和数据挖掘技术，为用户的决策支持提供综合信息、分析信息和知识信息等辅助决策信息。图 7-9 为数据库子系统模块分解图。

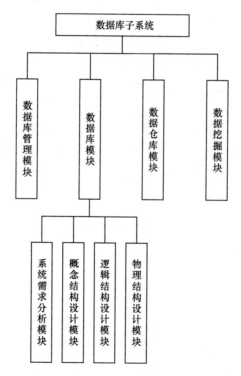

图 7-9　数据库子系统模块分解图

（1）数据库管理模块：能够对数据库进行描述、管理和维护，按照一种公用的和可控制的方法完成插入、删除、修改和检索所有数据的操作。

（2）数据库模块：将输入的数据按一定的结构组织在一起，存放在计算机内，以便于查询利用。数据的存储方式和位置相对独立于使用它们的程序。

（3）数据仓库模块：将大量的数据库中数据按决策需求进行重新组织，以数据仓库的形式进行存储，为用户提供辅助决策的随机查询、综合数据以及随时间变化的趋势分析信息等。

（4）数据挖掘模块：通过选择合适的数据挖掘算法，从数据库和数据仓库中挖掘目标信息和知识，实现数据库和数据仓库中数据的规律性。用户利用这些信息和知识来指导和帮助决策。

3）模型库子系统设计与模块划分

模型库子系统是对系统需要运用的模型按一定的结构形式组织起来，对各个模型进行有效的管理和调用，并通过模型或者模型的组合来辅助决策，为用户提供模型支持。图7-10为模型库子系统模块分解图。

（1）模型库管理模块：在管理系统下，有效地对模型进行存储、修改、查询、调用，实现模型之间相互独立和相互组合，达到不同的模型可以存取同一个数据的目标。

（2）模型库模块：将众多的模型按一定的结构形式组织起来，通过模型库管理系统对各个模型进行有效的管理和使用。

4）问题综合子系统设计与模块划分

问题综合子系统通过数据库子系统和模型库子系统提供的决策信息和模型支持，确定交通行为安全性评价指标体系，并依靠该体系对被测者的相关数据进行分析和诊断，得到其行为安全性等级，最后通过诊断

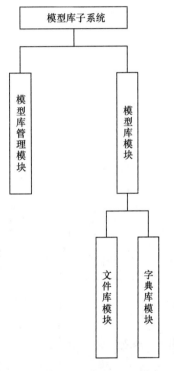

图 7-10　模型库子系统模块分解图

得到行为安全性改善方案。图7-11为问题综合子系统模块分解图。

（1）指标配置平台模块：根据各类用户的具体决策问题，借助决策指标配置平台，灵活配置安全性评价指标和决策问题考核指标。

（2）行为评估功能模块：根据交通行为安全性评价指标体系，对被测者的交通行为进行评价和估计，并确定其行为安全性等级。

（3）行为诊断功能模块：对被测者的行为安全性等级及其具体参数进行分

析与诊断,提出初始的行为安全性改善方案。如改善后的行为安全性未达到标准,则通过再次分析和诊断,进一步完善方案,直至被测者的行为改善目标达到标准。

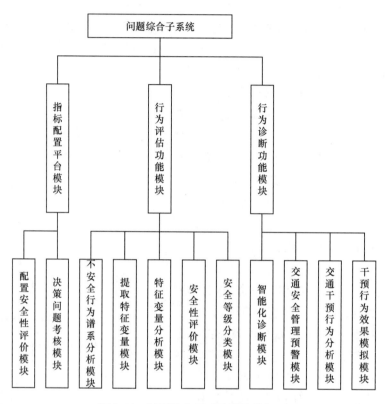

图 7-11　问题综合子系统模块分解图

7.3.4　系统的信息流程

系统的各个模块功能不同,结构上相对独立,每个模块必须得到所需的数据才能运行。这些数据有的是标准数据,有的是其他模块的运行结果。因此,系统开发的实质是解决各种数据在系统各个模块之间的传递及转换的问题。图 7-12 为交通行为安全性评价决策支持系统的信息流程图。其中,调查信息为基础问卷数据和被测者数据;标准信息为需要的模型程序和模型程序包;数据信息为综合信息、分析信息和知识信息等辅助决策信息;模型信息为模型修改、模型查询、模型调用等模型支持信息。

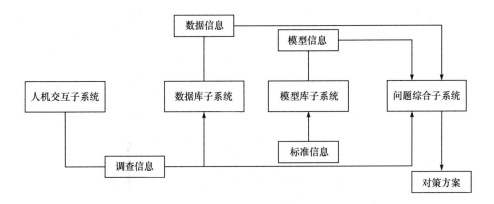

图 7-12　系统信息流程

7.4　系 统 设 计

7.4.1　数据库设计

1. 数据库设计过程

数据库是数据库应用程序包括决策支持系统的重要组成部分,设计结构合理、功能齐全的数据库可以大大提高数据库应用程序的性能。数据库的设计过程大致如下:

(1) 根据用户需求,确定数据库要保存的数据信息。对用户需求进行分析是数据设计的第一个阶段,不断地调查与研究用户需求,了解相关业务运作流程和系统需求,是设计概念模型的基础。

(2) 设计数据的概念模型。概念模型是按用户的观点来对数据建模,概念模型是用于进行信息世界建模的工具。

(3) 逻辑结构设计。逻辑结构是把概念结构转化为与所采用的数据库管理系统所支持的数据模型相符合的过程。

2. 数据库设计方案

1) 面向对象的逻辑数据库设计过程

(1) 识别类:在对需求进行分析时应该能确定主要的应用对象,然后才需要确定数据库的类。实际上用户常常会发现在本阶段对类别列表需要进行大量的修订工作,这种修订工作主要体现在抽象和分解。

(2) 定义类层次:应用程序中的类要按照能表示特殊性与一般性的自然关系的类层次关系进行组织。当决定类层次关系时需要考虑:①包含规则;②如何利用多态性;③何时使用多重继承;④避免多重继承的二义性;⑤重用已有的类。

（3）定义属性：一旦需求分析完成后，识别类中所要使用的属性通常不会有什么困难。可主要用查询或更新属性的方式作为提供给类族的接口，也可主要按照可调用的方法来提供类的接口。利用方法提供接口的优点在于存储内部数据时具有更多的灵活性，但其缺点在于会对性能产生影响。对于查询操作尤其如此，对此一个折衷的方法是允许用户直接读取属性但只能通过方法更改属性。

（4）定义关系：当决定如何处理关系时，需要考虑的因素有：①使用对象引用而不是主键的便利之处；②可以保持一对多关系和多对多关系的其他方法；③维持引用完整性。

（5）定义方法：当定义方法时需要考虑的因素包括：①决定功能应该定义为方法还是应用程序的过程；②决定方法所应用的类；③使用方法所应用的类；④多态性。

2）物理数据库设计过程

（1）定义存储体：在逻辑设计完成后，考虑典型情况下，在早期的原型中会有一个单一的存储体原型，然后在原来的设计中考虑多存储体的情况。当创建一个存储体时可以对它指定多个文件，如果希望存储体能跨越多驱动程序时，这点非常有用。因此，通常没有必要纯粹为了管理磁盘空间的使用或扩大输入/输出数据的装载时将数据库分解成多个存储体。

（2）定义索引：数据的空间不断增加时，使用恰当的索引与否对性能的影响具有很大的区别。与关系数据库相同，一个查询数据是否与给定的属性值进行匹配时要使用索引。如果有索引会直接进行检索，但如果没有索引将会扫描类的所有实例。

7.4.2　模型库设计

1. 模型库设计方案

模型库是在决策过程中不断积累，利用分析方法建立的专门用于某一业务领域的模型的集合，它存储了各种模型、算法、模型和算法的内在联系。模型库是由模型、算法、参数、模型算法方案、实际建立的各个模型的计算结果和参数结果构成。

在本系统中，将模型库数据化即关系化，把模型库视为数据库，用关系数据库管理系统来协调，并把模型库看成是一组具有特定输入、输出和相关功能的关系，再用关系数据库理论实现数据和模型的统一管理。

模型库关系化的具体设计如下：

（1）字典模型、字典算法和字典算法参数是模型库的基础，专家可以动态加入新的模型、算法和算法参数并能对已有的信息进行修改，解决了模型库的扩充问题。

（2）模型算法方案为决策支持模块提供决策所需的各种模型和算法的匹配方案，提高决策有效性和扩展决策者的决策能力。

（3）各个模型的方案结果类记录了决策者实际建立各个模型的模型计算结果。模型计算结果在决策者进行预测、模拟、调度时自动写入数据表中，并通过动态数据交换，将它们及时反映在界面上。另外，这些计算结果今后可以和实际数据进行对比分析，并成为以后建立模型时的案例（知识）依据。

（4）各个模型的参数结果类记录了实际模型建立时所需参数的值。实际建立各个模型时，决策者会结合当前具体情况和知识库中关于参数的事实规则，对所建立模型的算法中的所有参数赋值，并保存在对应模型的参数结果数据表中。这些数据表中的数据在决策者进行预测、模拟、调度时自动写入，并成为今后建立模型时的案例（知识）依据。

2. 模型库管理系统设计

目前被广泛接受的对模型库管理系统（Model Base Management System，MBMS）的定义为：模型库管理系统是一个支持模型表示、存储、维护、运行和应用的软件系统，它是一个包含处理模型、算法、参数和计算方案的系统，能够提供系统的分析能力和合适的模型库管理能力。按照上述定义，模型库管理系统应该具备以下几个方面的功能：

（1）模型表示：用知识、数据、子程序、对象等方法表示基本模型。

（2）模型存储：提供模型在计算机中的存储方法，便于进行模型管理。

（3）模型维护：提供模型的增加、删除、修改、查询、浏览等功能。

（4）模型运行：建立模型的目的是为了求解现实问题。当为模型提供一组输入参数时，模型库管理系统将负责启动和执行模型，并控制模型的运行状态。

目前，对模型库管理系统结构的研究已经较为成熟，一个完整的模型库管理系统通常由模型库、外部数据、内部数据和模型管理模块构成。

7.4.3　知识库设计

DSS 的系统智能化性能取决于它所拥有的知识的数量和质量以及它对知识的管理和利用能力。知识的质量和数量直接关系到系统的智能程度，知识的描述方法决定知识库的质量，而知识的存储结构决定系统的效率和知识库的容量，甚至决定系统的成败。

1. 知识库和数据库的比较

知识库的主要功能是对知识进行存储和管理，而数据库则是对数据进行存储和管理，因此它们在功能上很相似，在处理对象上则有所不同。数据库的大部分管理技术对知识库同样适用,例如知识库将知识从应用程序中分离出来,交给知识库系统程序处理,而数据库则是将数据从应用程序中分离出来,交给数据库系统程序处理。两者都需要研究大容量信息处理的理论和技术,诸如可恢复性、安全性、保密性和一致性等内容。因此,在决策支持系统中采用数据库是一种必然的选择。利用数据库技术,将各种数据和信息系统化、规范化,建立知识库,随着经验的丰富可以不断地扩充知识库,以体现知识库的健壮性,并且有益于知识库维护的一致性和完整性。

基于本系统的数据库建立在关系模型之上,因此,本系统的知识库应该是人工智能和构造在关系模型基础上的数据库相结合的产物。在本系统中,基于关系数据库技术的知识库的优越性表现为以下三点:

(1)利用关系数据库成熟的管理技术对知识库中的各种知识进行集中管理,这些知识提供便捷的增加、删除、修改、浏览等操作,以增强知识对技术人员的透明度,并极大简化系统设计人员和维护人员对已有知识的访问、管理和维护的难度。

(2)利用关系数据库查询语言 SQL 对知识进行逻辑推理并利用 SQL server 进行知识管理可以很容易地实现知识库、推理机以及应用程序的分离。

(3)目前针对常用关系数据库系统(如 SQL server)已推出许多专用开发工具,利用它们可以方便快捷地开发出非常友好的图形用户界面,便于用户使用,并降低对用户计算机操作能力的要求。

2. 基于关系数据库的知识库设计

在本系统中,知识库的设计涉及知识获取、知识表示和知识管理三部分内容:

1) 知识获取

本系统的知识获取采用间接方式。间接方式的知识获取在数据库的逻辑设计中主要表现为如何向数据库中添加记录,这正是数据库系统最基本的功能之一,很容易实现。为了便于向 SQL server 2000 数据库中添加一记录,本系统利用 Visual C++开发出了知识记录添加模块,该模块具有友好直观的知识输入界面,从而减少了系统管理者的工作量,也避免了系统管理者和专家之间可能发生的理解偏差。

2) 知识表示

知识表示就是把描述性知识(事实)和过程性知识(规则)以某种计算机能够理解和处理的形式表示和存储于知识库中。其中,事实分为元事实和复杂事实,可以表示为二元关系的事实为元事实,表示为多元关系但能够转换成二元关系的事实为复杂事实。事实归根到底是由元事实构成的。规则由前提和结论构成,前提是一系列元事实的合取所构成的假设,结论则是由一系列元事实的合取或析取组合构成。在本系统中,知识的最小组成单元是元事实。

目前常用的知识表示方法包括产生式表示方法、谓词逻辑表示法、语义网络表示法、框架表示法、面向对象表示法等。产生式表示法是历史悠久且应用最广泛的知识表示方法。这种表示法的优点是它的表示形式单一直观,有利于知识的提取和形式化,在计算机上容易实现;它的缺点在于难以表示结构性知识,因此常常需要和其他方法配合使用。面向对象表示法符合人们对客观世界的认识和思维的过程,已经成为当今程序设计的主流方法并具有良好的前景。

由于面向对象表示法的结构化的特点能够弥补产生式表示法的不足,因此,本系统以产生式表示方法为主,面向对象的表示方法为辅,并利用规则—事实体系作为描述知识的主要手段。

3) 知识管理

知识管理包括知识项的添加、删除、修改和检查等功能,这些功能在关系数据库环境中更容易实现。关系数据库中成熟的管理技术,为维护知识库的完整性和安全性提供了可靠保证,主要体现在:

(1) 知识库的完整性。知识库的完整性是指知识库中内容的正确性和一致性。如果得不到保证,一方面会产生错误的推理结果,另一方面还可能引起整个知识库的全面崩溃。

(2) 知识库的安全性。知识库的安全性是指保护知识库不会被非法地使用,以避免其内容的泄露、更改和破坏。知识库的安全性可以通过关系数据库本身所具有的安全机制来保证。例如,在 SQL server 中,每个用户都必须有一个合法的用户名和口令才能进入 SQL Server 系统进行相应的操作,而且可以对不同用户授予不同的操作权限,用户只能在自己的权限范围内活动,任何超越权限范围的操作都被视为非法,系统将不予理睬或拒绝。

7.5 系统功能及界面

7.5.1 登录界面

交通参与者交通行为安全性评价决策支持系统登录界面用于不同类型用户的登录及辖区居民的注册(图 7-13),其操作内容包括:

(1) 登录用户类型:通过下拉菜单可在辖区居民、交警、专家 3 类中进行选择。

(2) 用户名:用户类型为辖区居民时,填写"辖区居民注册"中注册的用户名;用户类型为交警或专家时,填写交警部门提供的专用账户名。

(3) 密码:用户类型为辖区居民时,填写"辖区居民注册"中填写的密码;用户类型为交警或专家时,填写交警部门提供的账户密码。

(4) "登录"按钮:在前述三项内容填写后,单击该按钮登录系统进行后续操作,若填写不完全或填写错误,则显示如图 7-14 所示。

图 7-13　系统登录界面

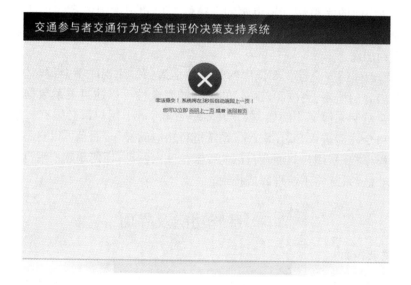

图 7-14　登录错误界面

（5）"辖区居民注册"按钮：辖区居民初次登录时，单击该按钮进行注册，根据个人实际情况如实填写后，按"提交注册"按钮完成注册过程，注册界面如图 7-15 所示。

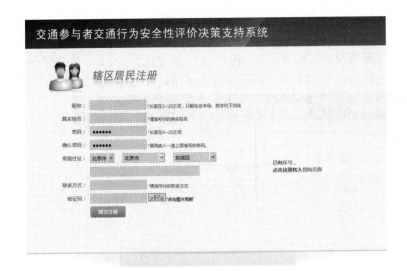

图 7-15　用户注册界面

7.5.2　"辖区居民"用户类型操作

1. 出行方式选择界面

在登录界面操作时登录用户类型选择"辖区居民"并成功登录后,在 3 种出行方式中选择最常用的出行方式,单击"下一步"按钮进行后续操作(图 7-16)。

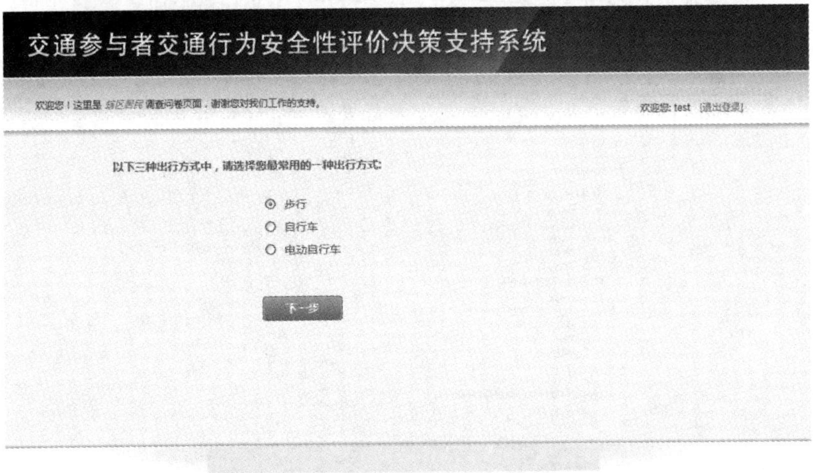

图 7-16　"辖区居民"用户出行方式选择界面

2. 调查问卷填写界面

根据实际情况填写调查问卷,单击"下一步"按钮进入下一页调查问卷的填写,直至某页底显示有"完成提交"按钮,单击该按钮完成问卷的提交(图 7-17、图 7-18)。

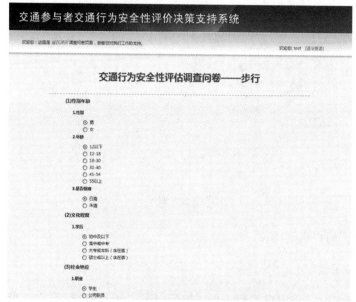

图 7-17　"辖区居民"用户调查问卷填写界面

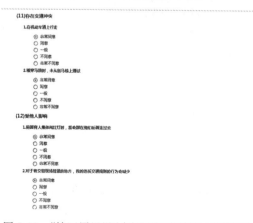

图 7-18　"辖区居民"用户调查问卷填写末页界面

图 7-18(续)

3. 提升对策查询界面

根据调查问卷填写情况,为辖区居民用户提供相应的个人交通行为安全性提升对策(图 7-19)。

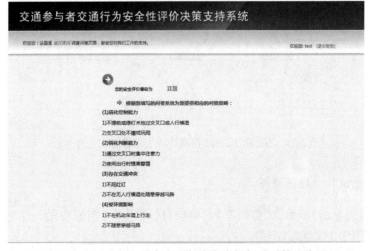

图 7-19　"辖区居民"用户交通行为安全性提升对策查询界面

7.5.3 "交警"用户类型操作

1. 功能模块选择界面

在登录界面操作时登录用户类型选择"交警"并成功登录后，可以单击"问卷设计"、"评价结果"、"对策体系"三个按钮进行相应的功能模块操作（图 7-20、图 7-21）。

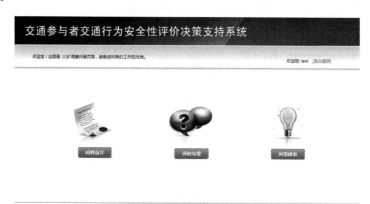

图 7-20 "交警"用户功能模块选择界面

图 7-21 "交警"用户问卷设计功能出行方式选择界面

2. 问卷设计功能模块界面

（1）首先单击"步行"、"自行车"、"电动自行车"三个按钮中的一个选择需要设计调查问卷的出行方式（图 7-22）。

（2）随后，在下一个界面中，如果需要设计新的调查问卷，单击"生成问卷"按

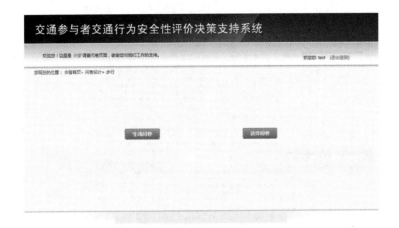

图 7-22　"交警"用户问卷设计功能问卷查询界面

钮进入；如果需要查看已生成问卷的信息或在已经生成问卷中选择"辖区居民"用户当前需要填写的调查问卷，单击"选择问卷"按钮进入（图 7-23）。

图 7-23　"交警"用户问卷设计功能生成问卷界面

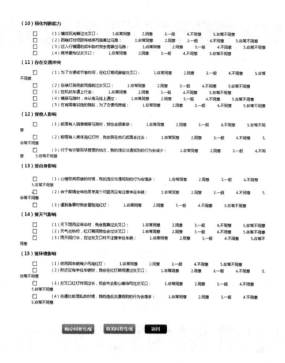

图 7-23(续)

（3）单击"生成问卷"按钮后，用户可以在问题库内所有的预设问题中进行选择，每大类问题的可选范围为 1～3 个。选定问题后，单击"确定问卷生成"按钮，如果问卷内容能够通过信度检验，将返回问卷得分值并将问卷存储至问卷库中，单击"返回"按钮返回功能模块选择界面（图 7-24）；如果问卷内容不能通过信度检验，可单击"返回上一页"按钮重新选择问卷问题或单击"返回首页"按钮返回功能模块选择界面（图 7-25）。

图 7-24 "交警"用户问卷设计功能生成问卷通过信度检验界面

（4）单击"选择问卷"按钮后，用户可查看当前已存问卷的生成时间及当前状态。如果用户需要重新设定当前使用的调查问卷，选择目标问卷后单击"将所选问卷设为调查问卷"按钮完成操作（图 7-26）。

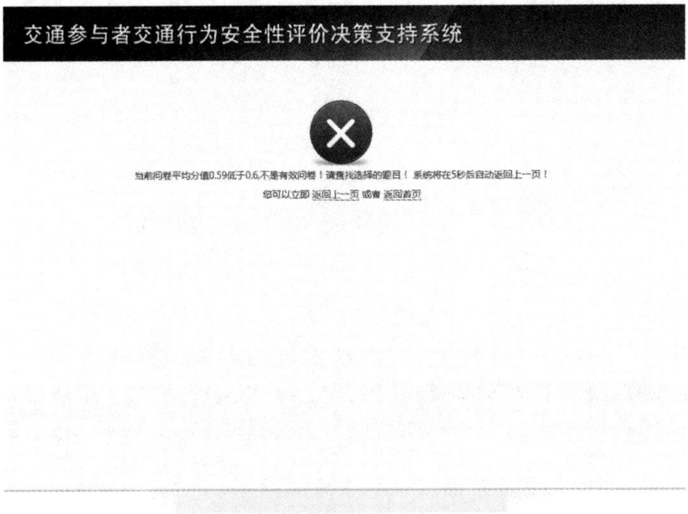

图 7-25　"交警"用户问卷设计功能生成问卷未通过信度检验界面

图 7-26　"交警"用户问卷设计功能选择问卷界面

3. 评价结果功能模块界面

（1）首先单击"步行"、"自行车"、"电动自行车"三个按钮中的一个选择需要查看评价结果的出行方式（图 7-27）。

（2）随后，用户可以在下一界面中查看整个辖区居民的交通行为安全性统计数据（图 7-28）。

图 7-27 "交警"用户评价结果功能出行方式选择界面

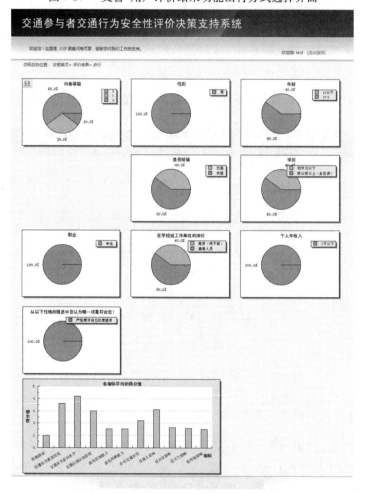

图 7-28 "交警"用户评价结果功能评价查询界面

4. 对策体系功能模块界面

（1）首先单击"步行"、"自行车"、"电动自行车"三个按钮中的一个选择需要查看对策体系的出行方式（图 7-29）。

图 7-29　"交警"用户对策体系功能出行方式选择界面

（2）随后，用户可以在下一界面中查看目前对策库中针对每一类交通行为特性的相关对策（图 7-30）。

图 7-30　"交警"用户对策体系功能对策查询界面

7.5.4 "专家"用户类型操作

1. 功能模块选择界面

在登录界面操作时登录用户类型选择"专家"并成功登录后,可以单击"数据库管理"、"问卷设计"、"模型管理"、"评价结果"、"对策体系"五个按钮进行相应的功能模块操作(图7-31)。

图7-31 "专家"用户功能模块选择界面

2. 数据库管理功能模块界面

(1)单击"数据库管理"按钮后,可以单击"问卷库"、"问题库"、"对策库"三个按钮进行相应的功能模块操作,其中,"问卷库"操作为问卷设计中生成问卷的管理,"问题库"操作为问卷问题的管理与增删,"对策库"操作为不安全行为相应对策的管理与增删(图7-32)。

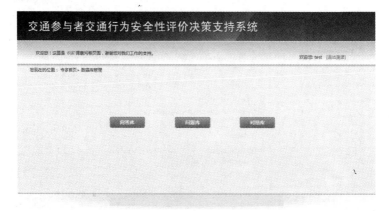

图7-32 "专家"用户数据库管理功能数据库选择界面

（2）单击"问卷库"按钮后：

① 用户可以单击"步行"、"自行车"、"电动自行车"三个按钮来选择需要查看出行方式的调查问卷（图 7-33）。

图 7-33　"专家"用户数据库管理功能问卷库交通出行方式选择界面

② 随后，在下一个界面中，如果需要查看问卷库中所有的问卷，单击"已存问卷"按钮进入；如果仅需查看当前使用的调查问卷，则单击"当前问卷"按钮进入（图 7-34）。

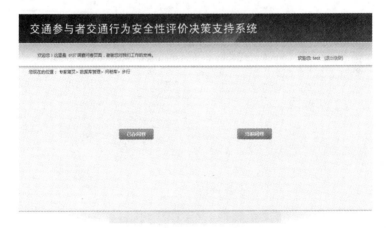

图 7-34　"专家"用户数据库管理功能问卷库问卷管理界面

（3）单击"问题库"按钮后：

① 用户可以单击"步行"、"自行车"、"电动自行车"三个按钮来选择需要查看出行方式的调查问卷供选择的所有问题（图 7-35）。

图 7-35　"专家"用户数据库管理功能问题库交通出行方式选择界面

　　② 随后,在下一个界面中,选择需要管理或增删问题的指标类型,单击指标名称进入(图 7-36)。

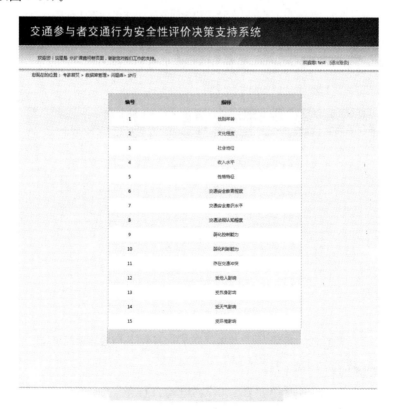

图 7-36　"专家"用户数据库管理功能问题库指标选择界面

③ 进入某一指标类型后，如果需要删除问题，勾选问题后单击"删除"按钮完成操作（图 7-37）；如果需要增加问题，单击"增加问题"按钮后，填写问题名称、问题重要性分值、问题类型、问题答案及分值（1～5 分，1 表示该交通行为很不安全，5 表示该交通行为很安全），单击"添加"按钮完成操作（图 7-38）；如果需要查询或修改已有问题，单击问题名称后，进行相应的修改，点击"修改"按钮完成操作（图 7-39）。

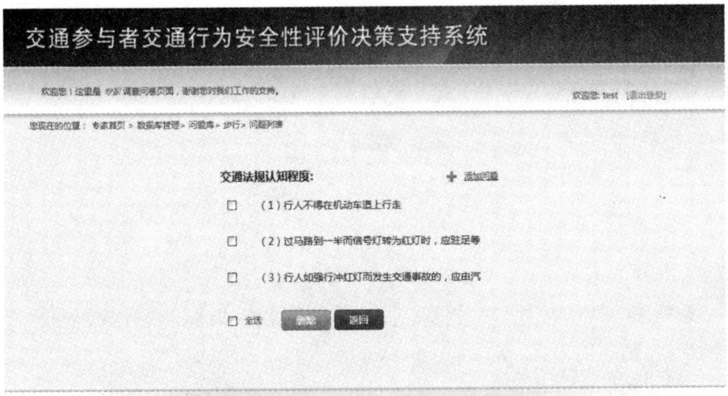

图 7-37　"专家"用户数据库管理功能问题库指标问题查询界面

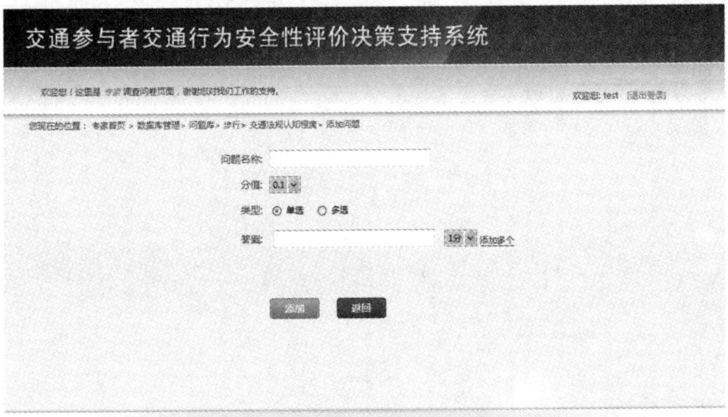

图 7-38　"专家"用户数据库管理功能问题库指标问题增加界面

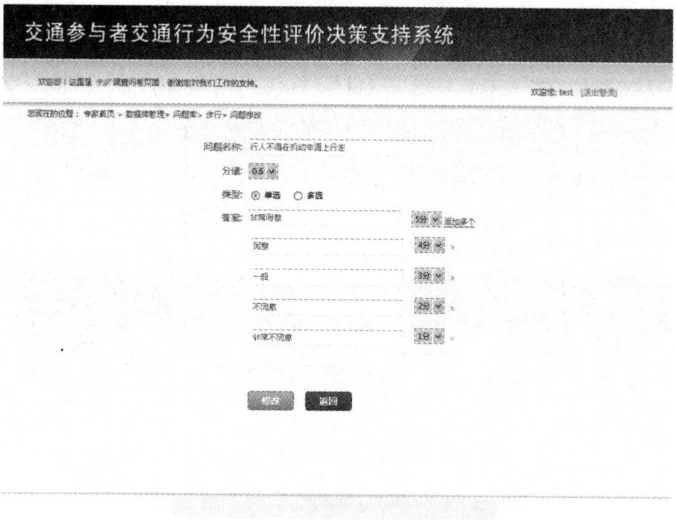

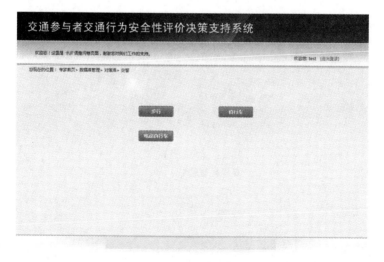

图 7-39 "专家"用户数据库管理功能问题库指标问题修改界面

（4）单击"对策库"按钮后：

① 用户可以单击"步行"、"自行车"、"电动自行车"三个按钮来选择各出行方式需要查看或增删的所有对策（图 7-40）。

图 7-40 "专家"用户数据库管理功能对策库交通出行方式选择界面

② 随后,在下一个界面中,选择需要查看或增删问题的指标类型,单击指标名称进入(图 7-41)。

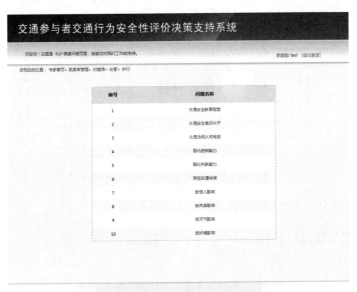

图 7-41　"专家"用户数据库管理功能对策库指标选择界面

③ 进入某一指标类型后,如果需要删除问题,勾选问题后单击"删除"按钮完成操作(图 7-42);如果需要增加问题,单击"增加对策"按钮后,填写相应对策措施后,单击"添加"按钮完成操作。当所有工作都完成后,点击"修改"按钮保存操作(图 7-43)。

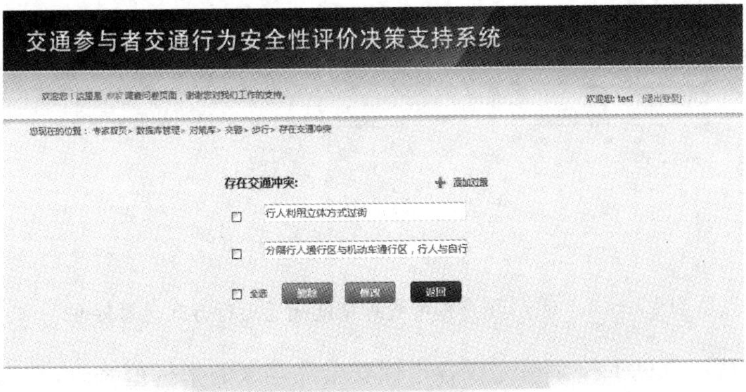

图 7-42　"专家"用户数据库管理功能对策库指标对策查询界面

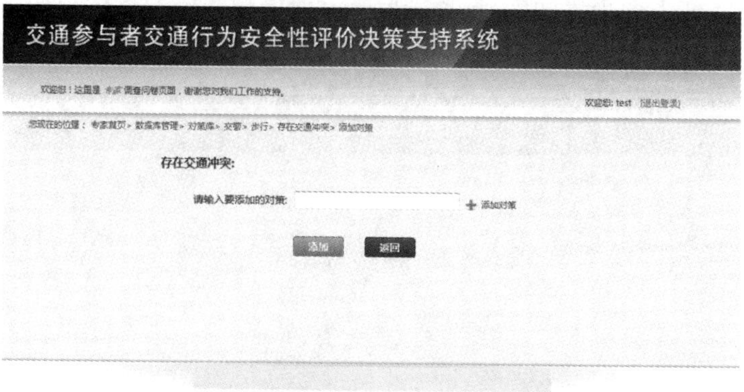

图 7-43　"专家"用户数据库管理功能对策库指标对策增加界面

3. 问卷设计功能模块界面

操作同"交警"用户问卷设计功能模块界面。

4. 模型管理功能模块界面

（1）首先单击"步行"、"自行车"、"电动自行车"三个按钮中的一个选择需要管理模型的出行方式（图 7-44）。

图 7-44　"专家"用户模型管理功能交通出行方式选择界面

（2）随后,通过下拉菜单完成各指标安全性等级的指标值修改,单击"修改"按钮完成保存(指标值范围为 1～5,1 为安全性很低,5 为安全性很高)(图 7-45)。

图 7-45　"专家"用户模型管理功能模型修改界面

5. 评价结果功能模块界面

操作同"交警"用户评价结果功能模块界面。

6. 对策体系功能模块界面

操作同"交警"用户对策体系功能模块界面。

第8章 非机动化交通参与者交通行为安全性提升对策

8.1 总体框架

以本书前述章节对非机动化交通参与者行为特征和行为机理的分析为基础，以交通行为安全性评价决策支持系统为工具，可以从宣教、管理、法规、设施四个方面入手初步提出非机动化交通参与者交通行为安全性的提升对策。对策体系总体框架如图 8-1 所示。

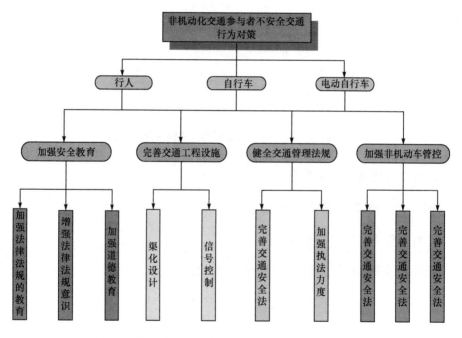

图 8-1 非机动化交通参与者安全提升对策的总体框架

8.2 一般化的对策

8.2.1 健全法规

健全的法律与执法体系是交通参与者安全出行的可靠保障，也是降低交通参与者违法率与事故率的重要保障。一部《道路交通安全法》不能解决交通违法与道路交通事故的全部问题。在现实生活中，需要各级政府出台相应配套的法规、办法来规范非机动化交通参与者的行为准则,确保行人、自行车、电动自行车交通设施合理设置,加强执法体系以抑制交通参与者违法行为,保障机动车与其他交通参与者在"通行权"上的公平性,从而达到提升交通参与者交通行为安全性以及道路交通安全总体水平的目的。

8.2.2　意识培养

守法意识的欠缺是交通违法的主要原因。许多交通参与者的法律意识没有达到高度自觉、自律的程度,把交通法规当做一种束缚,以一种消极、被迫的心态去面对它,而不知自觉守法就是对自己的保护。因此,有必要继续深入开展安全法规教育活动,正确理解法规,提高守法意识,树立良好的法制观念。一些西方发达国家,由于较早地实现了道路交通机动化,人们都早已习惯了遵守交通法规,交通法律、安全意识比较强。我国道路交通机动化的进程还刚刚起步,多数公民对于交通法规不是非常了解,还存在较多陋习。同时,随着我国城市化的发展,越来越多的农民工涌向城市,由于对城市环境的不熟悉,交通违法行为就更为凸显。因此,交通安全宣传教育应走入人们生活的方方面面。

交通安全意识的教育和培养无法速成,所以应从孩子抓起,作为基础文化知识从校园抓起,将交通安全教育内容纳入义务教育之中,终身进行,持之以恒。同时加强各种交通应急对策的教育,尽量使每个公民都有机会受到交通安全教育。

注重对 21～40 岁的交通参与者的安全教育。因为他们在未来的几年到几十年内交通参与率高,在社会中占有重要的位置,对下一代人的影响很大,所以他们的交通安全意识将在未来相当长的一段时期内占据主导地位。

8.2.3　道德教育

无论是行人、自行车或是电动自行车使用者在进行道路交通行为选择时,事实上是经过权衡并选择那些自以为明智的行为,尽管某些行为是错误的。交通参与者都希望有一个良好的道路交通秩序和环境,都对道路交通领域诸多消极现象予以抨击。但许多人又事实上在做自己所不赞成的行为。从行为选择主体的内在心理机制看,这种现象的普遍性是出于非机动化交通参与者行为选择的成本小于收益的结果,从而导致非机动化交通参与者在选择交通行为时容易偏离道路交通道德规范的要求。

要克服非机动化交通参与者交通行为中的诸多不道德的行为,仅仅依靠非机动化交通参与者的善良意志,期盼人们的行为自觉符合道路交通道德要求,是不切实际的。应立足现实,使道路交通道德规范符合非机动化交通参与者的实际利益需要,制定出与现实紧密结合,具有可操纵性,能对非机动化交通参与者的行为起规范作用的具体道德规范。要在广大市民中大力倡导交通道德,使他们充分认识到不遵守交通道德所带来的危害,树立强烈的路权观念。树立路权观念是交通有序化的根本出路,也是法制交通的核心。只有广大市民各自遵守道路通行权,才能从根本上减少道路交通事故的发生。

8.2.4　加强管理

加强对非机动化交通参与者的交通安全的管理。长期以来,交通管理部门对非机化交通参与者交通违法的查纠和处罚都失之过宽,在某种程度上放纵了非机动化交通参与者的交通违法行为。问卷调查显示,交通管理部门加大处罚力度能够显著提高非机动化交通参与者的知觉行为控制。

根据计划行为理论的研究,知觉行为控制是对不安全交通行为影响最大的因子。当非机动化交通参与者在不同的控制因素(如自身、环境、他人)下能够正确地认识交通行为的危险性,并能客观地评价自身的通过能力,那么在非机动化交通行为过程中发生不安全行为的可能性就越小。

8.2.5　改善设施

客观交通环境的改善包括许多方面,如道路设施、安全设施等硬环境,包括交通管理、交通组织等软环境,而注重培养创造优良交通环境的科学理念则尤为重要,积极改善客观交通环境对降低交通参与者违法率和事故率有着明显的作用。比如,行人交通的研究重点应放在新技术的效用和可行性分析上,寻求通过配合应用新技术来实现行人设施安全性和使用便利性,从而提高行人交通行为的守法比例。再如,自行车与电动自行车在交叉口处发生的事故率较高,所以应对交叉口的设施进行改善,在时间和空间上尽量减少非机动车与机动车、行人的交通冲突,以提高非机动车和其他交通参与者出行的安全性。

8.3　针对特定参与者的对策

8.3.1　行人

行人过街冲突是城市交通的突出问题。人行横道与机动车道交叉,一方面行人过街追求安全和便捷,另一方面机动车通过人行横道时追求的是畅通,两者的目标不同,就不可避免地会产生交通冲突。当过街行人过多时,就可能出现过街行人还没有完全完成过街,而机动车已经开始抢行通过人行横道的情况,这样给行人过街安全带来威胁,同时也造成交通的紊乱。行人希望安全并且快捷地穿越道路,那么需要相应的行人过街设施,并且过街设施的间距越小越好,这样对于行人较为方便。但是,由于车辆同样要利用有限的道路资源,行人需要等待车辆间隙才可穿越道路。综合考虑上述两方面,行人有一个可接受的等待时间以及绕行距离,一旦超过这个时间和这个距离,行人就可能失去耐心,从而违法穿越道路,这就是行人在红灯情况下有时会闯红灯的原因所在。

在信号交叉口,行人过街绿灯时间要尽量保障行人能够完整地穿越交叉口,并且在保障车辆通行的同时,也要尽可能设置得让行人有足够的耐心等待,这就需要信号灯的合理配时。对于无信号交叉口,因设立必要的指示牌告知车辆减速慢行,保障行人的交通安全;也应加大对行人交通安全的宣传力度,增强行人等待过街的耐心,选择在车辆较少时通过,提高安全性。在人行横道的间距设置上,要根据道路两侧用地性质、行人过街需求和路口的间距而定。对于商业区、居住区的集散道路,人行横道可以适当设置密集一些,一般以间隔 200m 左右一条为宜。对于主干道、过境通道,为了保障行人过街的同时,保障车辆的畅通性,可适当设置稀疏一些,一般间隔不小于 300m 一条。对于一般的道路,人行横道的间距宜控制在200~300m 之间即可。对于行人过街相对集中的路段,可以根据实际需要适当缩小人行横道间距,分散行人过街。

行人对危险的感知由于侥幸心理等原因的存在而有一定的局限性,这种局限性主要是行人的心理感受,仅靠行政管理手段难以解决这一问题。因此,在加强交通安全宣传教育和行人交通秩序管理的同时,应多从交通安全措施上着手,引导行人实施安全的交通行为,通过给行人穿越车道提供安全舒适的条件,达到减少或阻止行人违法交通行为的目的。

具体可以通过以下的一些措施来提升行人的交通安全性:一是科学设置行人过街设施,规范行人通行过街路线,减少行人与机动车的冲突机会和范围,如过街天桥和行人地下通道的设置。二是设置必要的行人过街指示标志,对行人穿越车道的地点及距离给予明确指示,让行人在心理上能够预计自己在何地何时能够到达人行横道,有了明确的目的性后,可以有效地减少行人违规穿越车道的几率。三是在车道中心处设置物理隔离设施,用隔离设施阻止或减少行人横穿车道的行为。四是设置行人过街保护设施,例如行人横路安全岛和行人二次过街设施等,给行人横穿行车道创造安全舒适的条件,吸引行人在规定的地点横穿行车道。五是公交车停靠站点的设置尽量靠近过街设施,从公交车上下来的行人更愿意选择安全的过街方式,减少横穿马路的行为。

8.3.2　自行车

我国自行车交通安全的特点是由我国城市道路混合交通特性决定的。在混合交通条件下,机动车与非机动车混行在一条道路上,使得车与车、车与人不断互相交织,交织就可能发生冲突,冲突严重到一定程度就导致交通事故。大量的自行车与其他车辆交织就必然发生冲突,这是自行车事故发生的根源。但除了交通环境的原因外,更多的自行车事故则是由于自行车骑行者有意无意的违法行为导致的。

　　骑车人经常与机动车辆争道抢行是诱发交通事故的一个重要原因。主要表现在城市的上下班高峰期,自行车道上往往比较拥挤,车流行进缓慢,一些急于赶路的骑车人就会改行在机动车道上,在机动车流中见缝插针、随意穿行,而在机动车行驶的过程中,驾驶员遇到突发情况,需要在一定的反应时间之后才能采取应对措施,即使立即踩下刹车,行驶中的机动车也必然会在惯性力的作用下向前滑行一段距离才能停下来,如果骑自行车人与机动车的距离太小,低于机动车刹车安全距离的话,无论机动车驾驶员素质多好,采取应急措施多么及时,也难免发生交通事故。

　　针对这一情况,就需要通过各项措施对骑车人行为做出合理的引导,如在上下班高峰时期,让自行车借用一部分人行道来行进,避免自行车的拥挤,也避免非机之间的互相干扰。有一些自行车骑行者由于缺乏安全意识会单手掌把或双手离把,比如有些人雨中骑车打伞或骑车时一手提着物品,只能用单手掌把;有的骑车人为了表示与同行的骑车人关系亲密,与对方勾肩搭背或单手相牵;更有甚者,为了炫耀自己的骑车技术,在快速行进中干脆双手离把。由于自行车与地面接触面积小,稳定性相对较差,单手掌把或双手离把时会进一步增加自行车的不稳定性,极易和他人或机动车发生碰撞。对于这种安全意识问题,需要不断地加强安全教育建立安全意识来避免,通过学校课堂上、纸质媒介、多媒体媒介等宣传手段,加强骑行者的安全意识,避免不安全的骑行行为。

8.3.3　电动自行车

　　电动自行车的使用者容易做出违反交通规则的不安全行为的主要原因之一在于没有建立完善的电动自行车驾驶员培训体系,没有相应的法律法规作为执法和管理依据。对符合年龄要求的电动自行车使用者,应按规定对其进行培训,培训合格后方可持证上路行驶。年龄要求可参照国际范例并结合国内实际进行确定,根据电动自行车事故年龄分布,结合国际惯例,建议 16 岁以上者才可驾驶电动自行车。由于电动自行车的速度较快,建议在使用电动自行车时佩戴安全帽[73]。

　　在建立完善的驾驶员培训体系的情况下,还需要完善对电动自行车的管理制度。对于在机动车道上驾驶电动自行车以及逆向驾驶的行为要严厉杜绝,这就需要交通管理部门对电动自行车的驾驶人进行规范管理,如在违法违规的情况下做出口头警告,严重者甚至处以罚款,对于屡教不改者应像机动车管理一样,另其重新学习交通安全知识,严格执法才能让电动车驾驶员减少违法行为。目前的法律法规还缺少对电动车质量的约束,生产厂家往往为了追求速度以及外观对消费群体的吸引性,而忽略了电动自行车的安全性,所以对于电动自行车的质量也要明确提出要求,以便从生产源头上提高电动自行车的安全性。

参 考 文 献

［1］刘玉增,王洪明. 道路交通事故学［M］. 成都:四川大学出版社,2005.

［2］World Health Organization. Global Status Report on Road Safety:Time for Action［M］. Geneva: WHO Press,2009.

［3］Tova R. Crossing at a red light behaviour of individuals and groups［J］. Transportation Research ,2009, Part F 12: 389-294.

［4］Julie H , Susanne M. The effects of mobile phone use on pedestrian crossing behaviour at signalised and unsignalised intersections［J］. Accrdent Analysis and Prevention, 2007,39: 197-205.

［5］Bernhoft I M,Carstensen G . Preferences and behaviour of pedestrians and cyclists by age and gender［J］. Transportation Research Part F, 2008,11: 83-95.

［6］Rodgers G B. Bicycle and bicycle helmet use patterns in the United States in 1998 ［J］. Journal of Safety Research, 2000,31: 149-158.

［7］Osberg J S, Stiles S S,Asare O K . Bicycle safety behavior in Paris and Boston［J］. Accid Anal and Prev, 1998,5 :679-687.

［8］赵建丽. 混合交通流条件下信号交叉口行人交通研究［D］. 北京:北京交通大学. 2004.

［9］王俊骅. 城市道路无信号灯控制行人过街安全问题的研究［D］. 上海:同济大学. 2008.

［10］高易尧. 行人安全行为分析［D］. 北京:北京交通大学. 2006.

［11］戴云琪. 城市非机动车交通分析及管理对策［J］. 江苏警官学院学报, 2005, 3: 143-146.

［12］曾四清. 城市自行车交通事故伤害的危险因素研究［J］. 医学与社会, 1995, 3: 25-28.

［13］Holland C, Hill R. The effect of age, gender and driver status on pedestrians' intentions to cross the road in risky situations［J］. Accident Analysis and Prevention,2007,39: 224-237.

［14］Morrongiello B A, Barton B K. Child pedestrian safety:Parental supervision, modeling behaviors, and beliefs about child pedestrian competence ［J］. Accident Analysis and Prevention, 2009,41: 1040-1046.

［15］Rosenbloom T,Levi S, Peleg A, et al. Effectiveness of road safety workshop for young adults ［J］. Safety Science, 2009,47: 608-613.

［16］Choa G,Rodríguez D A, Khattak A J. The role of the built environment in explaining relationships between perceived and actual pedestrian and bicyclist safety ［J］. Accident Analysis and Prevention, 2009,41: 692-702.

［17］Bacchieria G,Barrosa A J D,dos Santosa J V,et al. Cycling to work in Brazil:Users profile, risk behaviors, and traffic accident occurrence ［J］. Accident Analysis and Prevention, 2009, 41: 632-741.

［18］Lajunena T, Räsänen M . Can social psychological models be used to promote bicycle helmet use among teenagers? A comparison of the health belief model, theory of planned behavior and the locus of control ［J］. Journal of Safety Research, 2004,35: 115-123.

[19] 苑红伟,肖贵平. 基于交通心理的行人不安全行为研究[J]. 中国安全科学学报, 2008, 18 (1):20-27.

[20] 马国忠,明士军,吴海涛. 电动自行车安全特性分析[J]. 中国安全科学学报, 2006, 16 (4):48-52.

[21] 罗江凡. 电动自行车交通安全相关问题及管理研究[D]. 成都:西南交通大学, 2008.

[22] 石晨鹏. 电动自行车交通现状分析及对策研究[D]. 重庆:重庆交通大学, 2007.

[23] 潘晓东,赵晓翠,杨轸,等. 非机动车骑行行为实验研究[J]. 长沙交通学院学报, 2008, 24(4):62-66.

[24] Tetsuo M, Toshiyuki A, Janusz K. The behavior of bicyclists in accidents with cars[J]. JSAE Review, 2000,21: 357-363.

[25] 赵建有,俞礼军. 城市交通可持续发展状态量化评价方法[J]. 长安大学学报(自然科学版), 2004, 24(4):63-66.

[26] 张小丽,王炜,陈峻,等. 城市交通可持续发展的模糊积分评价方法[J]. 交通信息与安全, 2009, 27(6):6-10.

[27] 刘明华,姚解生,金丽. 大气环境质量模糊积分评价新方法[J]. 中国环境管理干部学院学报, 1999, 9(2):73-79.

[28] 王黎明,陈颖,杨楠. 应用回归分析[M]. 上海:复旦大学出版社, 2008.

[29] Fishbein M. An investigation of the relationships between beliefs about an object and the attitude toward that object[J]. Human Relations, 1963,16: 233-240.

[30] Fishbein M, Ajzen I. Belief, Attitude, Intention, and Behavior: An Introduction to Theory and Research Reading[M]. MA: Addison-Wesley, 1975.

[31] Ajzen I. From intentions to actions: A theory of planned behavior[C]//Kuhl J, Beckman J. Action Control: From Cognition to Behavior. Heidelberg: Springer, 1985:11-39.

[32] 段文婷,江光荣. 计划行为理论述评[J]. 心理科学进展, 2008, 16(2): 315-320.

[33] 刘泽文,宋照礼,刘华山,等. 计划行为理论在求职领域的应用与评价[J]. 中国心理卫生杂志, 2006, 20(2): 118-120.

[34] Anderson J C, Gerbin D W. Structural equation modeling in practice: A review and recommended two-step approach[J]. Psychological Bulletin, 1998, 103: 411-423.

[35] 侯杰泰,温忠麟,成子娟. 结构方程模型及其应用[M]. 北京:教育科学出版社, 2004.

[36] 公安部交通管理局. 中华人民共和国道路交通事故统计年报(2008年)[R]. 北京:公安部交通管理局, 2009.

[37] 乔维高,朱西产,王仲范. 车辆碰撞速度对行人伤害的影响分析及仿真[J]. 武汉理工大学学报, 2005, (12): 96-98

[38] 公安部交通管理局. 中华人民共和国道路交通事故统计年报(2009年)[R]. 北京:公安部交通管理局, 2010.

[39] 公安部交通管理局. 中华人民共和国道路交通事故统计年报(2007年度)[R]. 北京:公安部交通管理局, 2008.

[40] 董斌杰. 电动助动车综合交通特性研究[D]. 上海:同济大学, 2008.

[41] 公安部交通研究所. 交通安全参阅资料,2007.

[42] 中华人民共和国道路交通安全法[M]. 北京:法律出版社,2003

[43] 景超. 行人过街交通特性研究[D]. 吉林:吉林大学, 2007.

[44] 刘胜洪. 无信号控制城市行人过街交通特性研究[D]. 重庆:重庆交通大学,2008.

[45] Elliott M A, Armitage C J, Baughan C J. Drivers' compliance with speed limits: An application of the theory of planned behavior[J]. Journal of Applied Psychology, 2003, 88(5): 964-972

[46] Tesser A, Shaffer D R. Attitudes and attitudes change[J]. Annual Review of Psychology, 1990, 41: 479-523

[47] Ajzen I. Constructing a TPB Questionnaire:Conceptual and Methodological Consideration. Revised 2006 (http://people. umass. edu/aizen/tpb. html).

[48] 赖维铁. 交通心理学[M]. 武汉:华中理工大学出版社,1988

[49] 范士儒. 交通心理学教程[M]. 北京:中国人民公安大学出版社,2005

[50] 张庆陵,况友富,曹祚焕,等. 一种用于动态视敏度检查的新装置[J]. 中国航海医学杂志,1998,3:185-186

[51] 裴汉杰. 动视力、能见度、车速与安全[J]. 现代交通管理,1994,1:33-35

[52] 徐家康. 骑自行车的平衡[J]. 物理教学,1987, 6: 31-32

[53] 徐吉谦,等. 交通工程手册[M]. 北京:人民交通出版社,1995

[54] Liu X,Shen L D,Ren F. Operational analysis of bicycle interehanges in Beijing,China[C]// Transportation Research Record 1396, TRB, National Research Council, Washington, D. C,1993:18-21.

[55] Wang J,Wei, H. Traffic segregation on spatial and temporal bases: The experience of bicyele traffic operations in China[C]//Transportation Research Record 1396,TRB,National Research Couneil,Washington,D. C. ,1993:11-17.

[56] 赵建,王宏雁. 汽车与自行车相撞交通事故的防范[J]. 交通与运输,2006,12(2):98-100.

[57] Ajzen I. The theory of planned behavior[J]. Organizational Behavior and Human Decision Processes, 1991, 50(2): 179-211.

[58] Ding Z K, NG Fung-Fai,Wang J-Y. Structural equation modeling analysis of factors influencing architects' trust in project design teams[J]. Journal of Chongqing University(English Edition), 2009, 8(1):32-36.

[59] 段文婷,江光荣. 计划行为理论述评[J]. 心理科学进展,2008,16(2):315-320.

[60] Conner M, Armitage C J. Extending the theory of planned behavior: A review and avenues for further research[J]. Journal of Applied Social Psychology, 1998, 28: 1429-1464.

[61] Bamberg S, Ajzen I, Schmidt P. Choice of travel mode in TPB: The roles of past behavior, habit, and reasoned action[J]. Basic and Applied Social Psychligy, 2003, 25: 175-188.

[62] Forward S E. The theory of planned behaviour:The role of descriptive norms and past behaviour in the prediction of drivers' intentions to violate[J]. Transportation Research, 2009,(12): 198-207.

[63] 范红静,黄庆泓,陆建. 人的视觉——眼动系统在交通方面的应用[J]. 道路交通与安全, 2004,7:41-45.

[64] 张丹,孔克勤,王新法. 罗夏墨迹测验的客观性探索———一项来自于眼动实验的研究[J]. 心理科学,2009,4：820-823.

[65] 李永芳. 基于眼动技术的道路交通安全应用研究[J]. 工业安全与环境,2011,4:37-38.

[66] Logi F,Ritchie S G. Development and evaluation of a knowledge-based system for traffic congestion management and control[J]. Transportation Research Part C, 2001,（9）：433-459.

[67] Gudmundsson H,Ericsson E. Muriel beser hugosson, lena smidfelt rosqvist, framing the role of decision support in the case of stockholm congestion charging trial[J]. Transportation Research Part A, 2009,43(2)：258-268.

[68] http://www.worldbank.org/transport/roads/safety.htm

[69] Li B. A component perspective on geographic information services[J]. Cartography and Geographic Information Science, 2000,27(1)：75-86.

[70] 杨兆升,保丽霞,朱国华. 城市交通安全管理的智能决策支持系统探讨[J]. 交通与计算机, 2005,23(2)：1-3.

[71] 赵圆圆,尚朝阳,尚刚. GIS 在公路管理中的应用[J]. 公路,2001,(9):92-95.

[72] 镇海燕,王炜. 基于 GIS 的城市交通安全管理研究[J]. 交通与计算机,2002,20(3):6-9.

[73] 刘颖. 城市电动车问题分析与对策研究[D]. 上海:同济大学,2008.